Annemiek Leclaire

Het gesprek van je leven

Vijftig prominenten over het gesprek dat hun leven voorgoed veranderde

Ambo|Anthos
Amsterdam

Deze interviews werden, op dat met Typhoon na, tussen mei 2020 en september 2021 gepubliceerd in *FD Persoonlijk*, het weekendmagazine van *Het Financieele Dagblad*.

MIX
Papier van verantwoorde herkomst
FSC® C004472
FSC www.fsc.org

Eerste druk 2021
Tweede druk 2022

ISBN 978 90 263 5289 8

Omslagontwerp Bloemendaal & Dekkers
Omslagillustratie © Jedi Noordegraaf
Foto auteur © Ruud Pos

Verspreiding voor België:
Veen Bosch & Keuning uitgevers nv, Antwerpen

Inhoud

Voorwoord

Het gesprek van mijn leven vond plaats op een oktoberavond in 2018, toen mijn vijftienjarige zoon, op schoolreis in Londen, mij vanuit een stille slaapzaal belde om te informeren hoe het met me ging – had ik die dag wel iets gegeten? Sliep ik wel?

Een paar dagen eerder was mijn partner (niet de vader van mijn kinderen) plotseling aan een aneurysma overleden. Door de schok kon ik niet meer eten en slapen, en dat had mijn zoon gemerkt voor hij naar Londen vertrok. Hoewel hij normaal tijdens zo'n reisje nooit iets van zich liet horen, zonderde hij zich deze excursieweek 's avonds na het eten af om zijn moeder te bellen.

Ik heb natuurlijk liever niet dat mijn kinderen zich zorgen om me maken, en al helemaal niet als ze ergens zijn waar ze het leuk zouden moeten hebben. Om hem gerust te stellen vertelde ik wie er allemaal langs waren geweest de afgelopen dagen: vriendinnen die waren blijven overnachten, familie die was komen koken. 'Dit is mijn karavaan,' zei ik.

'Karavaan' is een begrip van eenzaamheidsonderzoeker Jenny Gierveld. Ze doelt daarmee op de groep mensen met wie je door het leven trekt, die voor jou zorgen en andersom, en die je ondanks de hectiek van alledag moet blijven koesteren.

Mijn zoon wist precies wat ik bedoelde. Hij had ook zo'n groep, verzekerde hij me. Nog onlangs was er iets vervelends op school gebeurd en toen had hij bij vriend A aangebeld. En nog die middag had vriendin B hem tijdens een wandeling door de Britse hoofdstad over de moeilijkheden van haar prille liefdesrelatie in vertrouwen genomen. Hij somde op bij wie hij nog meer kon aankloppen op momenten dat hij iets op zijn hart had.

Ik realiseerde me tijdens dat gesprek in een van de donkerste weken van mijn leven twee dingen: dat hoe je als ouder ook je best doet, je niet kunt voorkomen dat je kinderen zich zorgen om je gaan maken. En dat wat er ook zou gebeuren, mijn zoon in ieder geval de belangrijkste vaardigheid al onder de knie had: vrienden maken. Die vond tussen de mensen zijn weg wel.

Dat telefoongesprek met mijn zoon is een van de betekenisvolste in mijn leven. Maar ik had ook andere gesprekken kunnen noemen; belangrijke conversaties met artsen, leerkrachten en mentoren, gesprekken aan de eettafel over successen, ziekte, scheiding en dood. De gesprekken zelfs met mijn overleden geliefde – er wordt om ons heen heel wat onhoorbaar afgepraat met de doden. Het gesprek dat ik hierboven heb beschreven was een belangrijke uitwisseling, maar niet te intiem om aan lezers die ik niet persoonlijk ken te vertellen.

Een dergelijke afweging maakten de vijftig mensen in dit boek ook. Voor de serie 'Het gesprek van je leven', oorspronkelijk gepubliceerd in *FD Persoonlijk*, het weekendmagazine van *Het Financieele Dagblad*, vroeg ik bekende mensen uit de wetenschap, de kunsten, de media, het bedrijfsleven en de politiek naar hun betekenisvolste conversatie. Ze moesten daar vaak goed over nadenken. 'Mooie vraag,' kreeg ik te horen, 'maar geef me even de tijd.'

Ik vermoedde al wel dat ik met de vraag naar zo'n gesprek

naar een '*life-defining moment*' informeerde, maar dat mijn gesprekspartners er deze ontzagwekkende invulling aan zouden geven had ik niet voor mogelijk gehouden. Ik realiseerde me de reikwijdte en diepgang ervan al bij het allereerste gesprek dat ik voerde, met psychiater Elnathan Prinsen, de kersverse voorzitter van de Nederlandse Vereniging voor Psychiatrie. Hij vertelde over de invloed van het ongeval van zijn jongste kind op de eerstvolgende conversatie in zijn spreekkamer: 'Ik realiseerde me dat ik als psychiater veranderd was,' zei hij. 'Ik snapte nu veel beter de complexiteit van trauma in gezinsverband.'

De gesprekken die ik het afgelopen jaar voerde hebben diepe indruk op me gemaakt. Kim Putters, directeur van het SCP, vertelde over zijn coming-outgesprek; Lodewijk Asscher over zijn laatste gesprekken met Wim Kok; rabbijn Awraham Soetendorp over die keer dat zijn vader uit de doeken deed hoe ze gered zijn tijdens de Tweede Wereldoorlog; Manon Uphoff noemde de niet-gevoerde gesprekken over haar incestverleden, en in het verlengde daarvan het moment waarop zij een van haar broers alsnog besloot te vertellen wat zich vroeger thuis afspeelde.

Het zijn gesprekken die de lezer meenemen naar ziekenhuizen, naar schoollokalen, naar stadsparken en bergen in namiddaglicht, naar familiehotels, restaurants en conferentiezalen. Naar huiskamers, zoals die van componist John Cage en schrijver Michel Houellebecq, de ene gevuld met planten en muziek, de andere blauw van de sigarettenrook. 'Alsof ik de hel binnenstapte,' herinnert psychiater Dirk De Wachter zich, die met de beroemde Franse schrijver zijn belangrijkste gesprek voerde.

Na verloop van tijd begon ik patronen te zien in het soort gesprekken dat mensen kozen. Het werd me duidelijk hoe belangrijk het is om te worden aangemoedigd, zoals Shell-directeur

Marjan van Loon door haar decaan. Om een kans te krijgen, zoals presentator Paul Witteman van Marcel van Dam. Of om op een belangrijk moment een advies te krijgen dat je je hele leven onthoudt. Een gesprek met zijn vader leerde Youp van 't Hek: 'Zorg dat je de dingen zo doet dat je er niet van wakker hoeft te liggen. Dat je anderen niet besodemietert. Of jezelf.'

De vraag was niet: noem het betekenisvolste moment van je leven, maar het betekenisvolste gesprek. Een moment kun je namelijk ook in je eentje beleven, terwijl een gesprek altijd een ander vereist, zelfs als die ander de vorm van de natuur heeft zoals bij Wende Snijders. De zangeres ging boven op een berg het gesprek aan met de elementen en klom daarna met meer zelfvertrouwen weer naar beneden.

Een gesprek is een brug tussen de een en de ander, vindt plaats op de grens tussen jou en mij, is een kennismaking, een kans, een mogelijkheid tot begrip en verzoening. Om theoloog Christa Anbeek te parafraseren: door het gesprek met de ander ontsta je opnieuw.

Wetenschapper Robbert Dijkgraaf voerde een gesprek met de oncoloog van zijn dochter

Het was juli 2000. We voerden met oncoloog Henk van den Berg in het Academisch Medisch Centrum in Amsterdam het ultieme slechtnieuwsgesprek. Onze dochter Charlotte was net geboren, ze was anderhalve week oud, er waren aanwijzingen dat het niet goed met haar ging; hij gaf ons de diagnose: aangeboren leukemie. Dat is natuurlijk een gesprek dat in je gedachten staat gebeiteld, ik weet nog precies hoe we daar zaten, hij, mijn vrouw en ik. In mijn ogen is mijn dochter beter geworden door wat daar toen gezegd is.

Van den Berg sprak mij aan als wetenschapper. Hij zei: 'Laat ik heel erg eerlijk zijn, dit is een heel zeldzame ziekte, ik heb in de vakliteratuur gezocht en er zijn maar twee publicaties over. Ik heb ze uitgeprint, hier.' Dus ik begon in een razend tempo te lezen, je bent toch in een toestand van hogere alertheid. Bovenaan, in de samenvatting stond: '*Is usually fatal*'. Wat er óók stond, was dat er nauwelijks statistieken waren, maar dat het bij een paar kinderen voor korte tijd uit zichzelf verdween. In de meeste gevallen kwam de ziekte terug.

Van den Berg zei: 'Ik heb geen idee waar we mee te maken hebben. Je zou willen behandelen, maar het zou kunnen dat de chemotherapie schadelijker is dan de ziekte.'

Voor een medicus is zo'n soort gesprek voeren uniek, dat weet ik uit ervaring. We hebben veel gevallen van ziekte en dood in onze familie meegemaakt. Medici leven in twee werelden, in die van hun kennis, en in die van de patiënt of de verzorger van de patiënt: hoe brengen ze de boodschap over? Daar houden ze veel rekening mee. Ze weten goed die informatie te filteren, te doseren, je daarin mee te nemen. Zo'n slechtnieuwsgesprek vindt heel gecontroleerd plaats. Het laatste wat ze doen, is ongefilterd communiceren van de kennis. Dat creëert enkel verwarring.

We hadden eerder een voorgesprek gehad met een andere arts. Daar werden we haast infantiel, op het neerbuigende af toegesproken. Ik voelde dat de situatie veel simpeler werd voorgesteld dan-ie was. Ik had natuurlijk veel vragen, maar daar bood zij geen ruimte voor. Je kunt mij erg in de war brengen door niet genoeg te vertellen. Dan denk ik: ja maar wacht even, je vertelt me nu een karikatuur. Pia en ik dachten: je kan ons wat. Je gaat dan toch een masker opzetten. We stapten op: dank je wel voor de boodschap, klaar. Toen kregen we ook nog een psycholoog op ons dak die vroeg: 'Is het gesprek wel binnengekomen?'

Van den Berg deed exact het omgekeerde: dit was een uitwisseling op basis van een gebrek aan informatie. Hij zei: 'Het is geen dichtgetimmerde muur, er zitten gaten in. Ik wijs jullie op die gaten, maar ik ga jullie niets beloven.' Voor ons was dat een enorme opluchting. Je bent alleen op die grote oceaan, het terrein is nog niet in kaart gebracht. Dan is er ruimte voor hoop in de witte vlekken.

Onze *gut feeling* was al: we moeten onze dochter de vreselijke medische molen besparen en haar zo mee naar huis nemen. We waren bereid tegen alle stromen in te roeien. Tot mijn verrassing werd de persoon van wie ik dacht dat hij onze grootste tegenspeler zou worden, onderdeel van onze samenzwering. Het voelde alsof we waren opgesloten in de situatie, en nu was er gewoon een poortwachter die de deur op een kier zette, en ontsnapping toestond.

Mijn vrouw en ik trokken ogenblikkelijk dezelfde conclusie en herkenden dat in elkaar. De emotie en de ratio liepen precies parallel. Zij voelde meteen intuïtief: oké, we kunnen hier weg, ik kan mijn kindje bij me houden. Zij zoomde uit, en geloofde het verder wel. Voor mij was het precies het omgekeerde. Mijn brein ging in een overdrive, ik las elke punt en komma in die onderzoeken. Ik had behoefte aan een rationeel fundament voor een irrationele beslissing. De irrationele beslissing was: je hebt een doodziek kind en je loopt het ziekenhuis uit. Omdat ik een exact denkend mens ben, was ik op zoek naar een argument om dat te doen en Van den Berg gaf me dat.

We zeiden: 'Oké, dan stappen we nu op en nemen we ons kind mee naar huis', en hij zei: 'Ja, dat is goed. Het is oké.' Hij zei niet: 'Weet wel wat je doet.'

We leefden dat eerste jaar heel erg zoals nu, in een soort quarantaine, en zo nu en dan kwamen we even uit ons bubbeltje en dan zagen we hem. Mensen met zieke kinderen creëren een beschermende laag om zich heen. Dat is een heel kwetsbaar iets. Dit was geen laag van medische apparatuur of van medicijnen, er was helemaal niks, het was onze geestelijke zorg voor ons kind. Onze hoop. Het is echt een zeepbelletje, dat je zelf vanbinnen aan het opblazen bent. Dan is het heel belangrijk dat die mentale bubbel intact blijft. Dat deed Van den Berg ook in de vervolggesprekken heel mooi, hij is steeds deel van die samenzwering gebleven.

Hij stelde zich heel kwetsbaar op door ons die ruimte te geven. In de VS had een arts zo'n gesprek nooit kunnen voeren, daar moet je zorgen voor je eigen veiligheid: je kunt rechtszaken krijgen. Mijn vrouw heeft later over deze ontmoeting met Van den Berg op een congres van kinderartsen gesproken. Hij kreeg een staande ovatie omdat het als heel dapper werd gezien.

De eerste aanzet dat onze dochter kon gaan genezen, toonde zich na ongeveer zes maanden. Ze is nu een gezonde negentienjarige. De ziekte verdween inderdaad vanzelf.

Ik heb er geen seconde over getwijfeld dat het de juiste beslissing was, geen seconde. Daar schrik ik eigenlijk van, hoe helder die gedachte was. Als wetenschapper twijfel ik overal aan. Het komt zelden voor dat een gesprek het gebruikelijke patroon overstijgt en hier gebeurde dat. Ongeacht hoe het zou zijn gelopen, is het gewoon het juiste gesprek geweest.

Robbert Dijkgraaf (1960) is theoretisch natuurkundige. Hij is sinds 2012 directeur van het Institute for Advanced Study in Princeton. Dijkgraaf is getrouwd met auteur Pia de Jong. Het echtpaar heeft drie kinderen.

Shell-directeur Marjan van Loon voerde een gesprek met haar decaan

In het najaar van 1983 ging ik op bezoek bij decaan Wim Klerkx. Ik zat in 6 vwo op het Dr. Knippenbergcollege in Helmond. Tegenwoordig is het normaal dat een decaan je bij een studiekeuze begeleidt, maar destijds was dat iets nieuws.

Toen hij vroeg wat ik hierna wilde gaan doen, antwoordde ik dat ik aan iets medisch dacht, misschien een hbo verpleegkunde. Hij zei toen: 'In iets medisch zijn natuurlijk heel veel smaken: je kunt bijvoorbeeld ook leren voor anesthesist of apotheker.' Daar had ik nog niet aan gedacht. Ik vond het meteen heel leuk klinken. Die witte jas sprak me aan.

Wim Klerkx was ook mijn scheikundeleraar. Ik had een bètaprofiel: natuurkunde, scheikunde, biologie, alle wiskundes, ik was heel erg bètageïnteresseerd. Mijn vader was leraar wiskunde, en ik vond het heerlijk om thuis met hem over wiskunde te praten.

Klerkx zei: 'Je kunt ook overwegen technische scheikunde te gaan doen aan de TU Eindhoven. Het is een combinatie van scheikunde en wiskunde die jij vast leuk zult vinden.'

Ik had nog nooit van die studie gehoord. Ik was nummer vier in een gezin van vijf. Mijn broer en twee zussen waren me voorgegaan, zij deden alle drie hbo, dat was iets prachtigs natuurlijk.

Niemand was nog naar de universiteit gegaan. Klerkx noemde wat namen van oud-leerlingen die de studie hadden gedaan, die er heel positief over waren. Hij schetste ook wat voor banen ze nu hadden. Dat sloeg wel aan bij mij. Hij zei: 'Er is meer dan Helmond, en meer dan Eindhoven. Je haalt goede cijfers, het zou goed bij je passen.'

Wim Klerkx legde in 1983 de lat voor mij net iets hoger. Hij kon een grotere wereld schetsen dan die waarin ik was opgegroeid. Dat was eigenlijk de eerste keer in mijn leven dat iemand zo'n coachende rol op zich nam. Later heb ik vaker zo'n moment gehad waarop iemand iets voorstelde of me voor iets uitnodigde wat groter was dan ik zelf tot dan toe had kunnen bedenken, zo iemand die je helpt een richting op te gaan die je zelf nog niet had gezien.

Ik was de enige van de school die het daaropvolgende studiejaar naar de Technische Universiteit Eindhoven ging. Ik had samen met een vriendin de open dagen bezocht. We hadden er een beetje onwennig rondgelopen, maar vonden het leuk. Tien procent van de eerstejaars was vrouw. Mijn dochter doet nu werktuigbouwkunde in Delft, dat is nog net iets technischer, daar is tegenwoordig een op de drie vrouw.

Ik vond de overgang destijds behoorlijk spannend. Ik opereer graag in mijn comfortzone. Dat was op de middelbare school al zo: ik had het goed naar mijn zin daar, was tevreden in Helmond, ik zat in het plaatselijke harmonieorkest. Ik zou ineens iets héél anders moeten gaan doen. Ik vond het best moeilijk die stap te wagen.

Dat gevoel herken ik uit mijn carrière: dat ik vaak al erg tevreden was waar ik zat, dat ik het ergens echt naar mijn zin had, en dan toch in een gesprek nieuwsgierig werd gemaakt, en begon te aarzelen.

Ik heb door de jaren heen geleerd het dan toch te doen, en dat zeg ik ook tegen andere mannen en vrouwen: doe niet te snel de deur dicht voor wat er op je pad komt. Neem die stap, ga het verkennen, stap uit die comfortzone, stap over de drempel. Dan vind je het misschien leuk, en heb je door die uitdaging ook weer meer geleerd. Als je dat vaker doet, als je dat in je leven herhaalt, krijg je steeds meer zelfvertrouwen.

Mijn man en ik zeggen dat ook steeds tegen de kinderen: zorg dat je je opties openhoudt. Wees niet bang iets te proberen. Je komt er pas achter of het past als je het doet, en als het niet lukt, is het ook niet erg. Je leeft maar één keer en de wereld is groot. Doe het, en geniet ervan dat de wereld weer iets groter is geworden.

Het is niet zo dat ik steeds geïntimideerd aan een nieuwe baan binnen Shell begon. Dat gevoel van onzekerheid heb ik meer vóór ik het besluit neem. Heb ik er eenmaal voor gekozen, dan ga ik het ook doen, dan sta ik er positief in. En dan zie ik dat het niet zo moeilijk is als ik eerst had gedacht.

Het is een houding van iets durven proberen. En dan met al je ervaring, talent en inzicht leunend op iemands vertrouwen er een succes van maken. Dat heb ik uitgeprobeerd op allerlei gebieden van het leven, in het combineren van een gezin met een drukke baan, en nu als directeur Shell Nederland met alle publieke exposure die erbij hoort.

Als ik wel een hbo verpleegkunde had gedaan, was ik nu met heel andere dingen bezig geweest. Dat was ook mooi geweest, daar niet van, maar het is zo belangrijk dat je soms wordt aangespoord iets anders te durven doen, iets waar je zelf niet automatisch voor had gekozen. Ik heb op de TU mijn man ontmoet, we zijn allebei voor hetzelfde bedrijf gaan werken, hebben voor Shell met de kinderen de wereld rondgezworven. De kinderen hebben meegekregen wat het betekent om internationaal te werken. Mijn zoon is net als ik technische scheikunde gaan doen;

dat heet tegenwoordig Molecular Science & Technology.

Maar die kansen ontstaan meestal pas door het soort gesprekken waarin je iets krijgt aangereikt van mensen die je het vertrouwen geven, die je nieuwsgierig maken. Wim Klerkx schetste een toekomst die ik me nog helemaal niet kon voorstellen.

Marjan van Loon (1965) is sinds januari 2016 president-directeur van Shell Nederland. Ze studeerde technische scheikunde aan de TU Eindhoven. Na haar afstuderen kwam ze als chemisch technoloog in dienst bij Shell. Sindsdien heeft ze functies in binnen- en buitenland bekleed. Van Loon is getrouwd met Robbert de Roos; ze hebben een zoon en een dochter.

Schrijver Esther Verhoef werd toegesproken door haar moeder

Mijn moeder nam me in de tuin apart, het was eind september 2014, mijn zesenveertigste verjaardag. Ik ben een workaholic. Dat klinkt als iets negatiefs, maar zo heb ik dat nooit ervaren. In de periode die voorafging aan het schrijven van mijn eerste thriller, in 2002, was ik eindredacteur van een maandblad, hoofdredacteur en samensteller van een kwartaalblad met een oplage van 250.000 exemplaren, runde ik een fotostock en schreef ik ongeveer zestig informatieve boeken over huisdieren waarvoor ik ook de fotografie deed; daarvan zijn er in tachtig landen acht miljoen verkocht. Ik werkte van negen uur 's ochtends tot elf uur 's avonds, zes, soms zeven dagen per week, ontbeet nooit en ging vaak niet eens naar verjaardagen. De hele dag typen, bellen, fotograferen. Ik heb geen dag zwangerschapsverlof gehad, de dag na de bevalling was ik weer aan het werk. Ik vond het heerlijk.

In 2002 werd ik onrustig. Ik voelde aan alle kanten: ik ga vastlopen. Het plezier in mijn werk nam af. De opdrachtgevers wilden steeds meer van hetzelfde. Als kind schreef ik al fictie: fragmenten, dialogen en korte verhalen. Ik dacht: het is nu of nooit, en ik ben in mijn eigen tijd mijn eerste thriller gaan schrijven. Om elf uur 's avonds ging de ene computer uit, en schoof ik achter de andere om tot een uur of drie, vier aan mijn thriller te werken. Dat heb ik zo anderhalf jaar gedaan. Bij mijn derde boek, *Rendez-vous*, brak ik door. Ik stopte met andere opdrachten en stortte me op fictie, maar ook dat ging weer niet normaal. Boeken, columns, korte verhalen, steeds in hoog tempo en met een enorme drive om het goed te doen, elk boek beter dan het voorgaande. Perfectie brengt me uitdaging, rust, voldoening.

Toen mijn moeder me apart nam, was ik aan het vastlopen. Mijn jongste dochter had een ongeluk gehad met nare gevolgen, de oudste lag met een gevaarlijke infectie in het ziekenhuis, mijn vader was heel ziek, net als een goede vriendin. Ik moest er zijn voor hen, maar het werk ging natuurlijk gewoon door. Het begon voor het eerst te voelen als werkdruk. Mijn moeder zei: 'Esther, als je zo doorgaat, ben je straks zestig, zeventig, en dan heb je je hele leven gewerkt en geen dag geleefd. Je moet nu echt gaan oogsten. Genieten. Wees liever voor jezelf, dat mag.'

Dat raakte me. Mijn moeder zegt niet zo vaak iets, dus als ze iets zegt, luister je. Misschien was het 't juiste moment. Dat werken was steeds zo vanzelfsprekend geweest, nu vroeg ik me af of ik mijn prioriteiten wel op orde had. Ik ging nadenken over mezelf, wat dat dan inhoudt: liever zijn voor jezelf, tijd voor jezelf nemen. Ik had geen hobby's. Werken was mijn hobby, mijn léven. Zelfs vakanties stonden in het teken van het werk. Gingen we naar de Verdon in Frankrijk, alleen maar omdat ik daar een scène wilde laten spelen. Ik was nooit iemand die spontaan met een vriendin ging lunchen of een kop koffie drinken.

Ik begon een moestuin, dat is ook werk, maar op een andere manier, er ligt geen druk op, hè, de supermarkten liggen vol tomaten als een oogst mislukt. En ik ben aan yoga gaan doen. Na vier jaar begin ik door te krijgen wat ze bedoelen met termen als 'voelen wat er in je lijf gebeurt voor en na een pose'. Ik zie mijn hoofd en lichaam niet meer als losse delen, maar als één geheel.

Ik was enorm cognitief ingesteld. Dat lichaam was steeds alleen maar een machine.

Vroeger luisterde ik naar hardrock en metal. Goede hardrock en metal is echt heel lekker omdat het rauw en pretentieloos recht je emotie in beukt. Het voelde als thuiskomen. Flamenco heeft dat urgente ook in zich, trouwens. Maar die muziek ontroert eerder dan dat ze me opbeurt. De muziek die ik tegenwoordig draai, is zachter, gelaagder.

Ook de gesprekken met vrienden zijn anders. Eerder was het slap ouwehoeren over niks, met veel drank. Nu zitten we avonden lang te filosoferen bij het haardvuur met mensen die openstaan voor andere mogelijkheden, dat er meer kan zijn dan zichtbaar is. Dat heeft ook geleid tot het titelverhaal van mijn nieuwe bundel *Labyrint*. De verhalen zijn een mix van tastbare en niet-tastbare gebeurtenissen, waarvoor ik me onder meer heb verdiept in epigenetica. Maar ik heb er nog steeds moeite mee om op klaarlichte dag gewoon een boek te lezen. Het voelt als lummelen. Ik word er onrustig van.

Nu ik ouder word, vraag ik me wel af wat me steeds heeft bezield – waarom? Lang heb ik gedacht dat het compensatiegedrag was omdat ik als kind geen veilige jeugd heb gehad, en veel met fysiek geweld te maken heb gehad. Dat heeft tot sociale onzekerheid geleid. Er is iets stukgemaakt wat je niet meer kunt repareren. Vertrouwen geven, hechten, dat blijft mijn hele leven lastig. Ik kan me makkelijk terugtrekken in een soort vesting, in een overlevingsstand schieten. Ik heb me als een kameleon aangepast aan de mensen om me heen, een sterke radar ontwikkeld voor sfeer, intenties. Met dat aanpassen ben ik de afgelopen jaren gestopt.

Ik leefde voor mijn gevoel met volle teugen, maar omdat ik van het ene in het andere project dook, was er nauwelijks zelfreflectie. Mijn werk maakte groei door, maar als mens ontwikkelde ik me te weinig. Je hebt stilte nodig, stilstand, om te kunnen reflecteren. Waar ik vroeger alleen maar rende en alleen via het toetsenbord tot gedachten en inzichten kwam, probeer ik nu echt te kijken, echt te ervaren.

Veel heeft mijn moeder dus niet gezegd, maar die paar zinnen hebben een bewustwordingsproces in gang gezet dat tot op de dag van vandaag voortduurt.

Esther Verhoef (1968) is de succesvolste thrillerauteur van Nederland. Er zijn meer dan 2,5 miljoen exemplaren van haar thrillers en romans verkocht. Haar werk is in tal van landen verschenen en meermalen bekroond. Ze woont in Noord-Brabant met haar man Berry Verhoef en drie kinderen.

Psychiater Elnathan Prinsen over het inzicht in zijn spreekkamer

Twee gesprekken, vlak na elkaar gevoerd, hebben veel indruk gemaakt omdat ik me realiseerde dat ik als psychiater veranderd was. Ik snap nu veel beter de complexiteit van trauma in gezinsverband.

Een paar maanden eerder was ik gekozen als voorzitter van de Nederlandse Vereniging voor Psychiatrie. Dat was best bijzonder omdat ik jong ben en geen hoogleraar; daarmee was ik een enorme trendbreuk met de voorzitters voor mij, hoogleraren van een bepaalde leeftijd. Ik was nog maar net benoemd toen mijn zoon van acht een zwaar ongeluk kreeg. Toen ik het ziekenhuis in rende, wist ik niet of hij het zou overleven. Hij was geschept door een auto die veel te hard reed. Mijn vrouw en twee dochters waren erbij geweest.

In ons gezin waar eerst iedereen gezond was, waren mijn vrouw en dochter nu in behandeling voor posttraumatische stressklachten, en had mijn jongste kind behoorlijk ernstig hersenletsel. Het hele gezin was getroffen.

Een paar maanden na het ongeluk zaten mijn vrouw en ik op de bank een film te kijken, toen ze een paniekaanval kreeg. In de film zakte iemand door zijn knieën en dat triggerde bij haar de herinnering dat zij op straat door haar knieën zakte bij mijn zoon en dacht dat hij dood was. Op elk moment kan iets zo'n trauma triggeren, dat zie je helemaal niet aankomen. Ik heb als psychiater in de crisisdienst natuurlijk veel mensen in paniek gezien, maar toen ik dat zelf thuis zo ervoer, hoe iemand die gewoon rustig op de bank zit, dat zo ineens kon overvallen, voelde ik me heel machteloos. Ik dacht: ik ben psychiater, hier moet ik toch mee kunnen dealen, het is mijn eigen vrouw, en ik gebruikte wel mijn skills, maar als eerste voelde ik de machteloosheid.

Kort daarna had ik een gesprek met een vrouw die forse posttraumatische klachten had, en haar partner. Ik vroeg aan die man: 'Hoe is het voor u, hoe gaat u ermee om? Ik kan me voorstellen dat het een enorme impact heeft als uw vrouw ineens een herbeleving heeft?' Ik kon de vragen nu concreter stellen, en hij zei: 'Ja, het is heel ingewikkeld, ik voel me heel machteloos.'

Ik vroeg me toen voor het eerst van mijn leven in de spreekkamer af of ik iets moest vertellen over mijn eigen ervaring. Ik dacht: zou het nu voor deze mensen helpend zijn als ik daarover zou beginnen? Maar, vroeg ik me af, wilde ik dat dan doen omdat ik het zelf graag wilde vertellen, of om de ander te helpen? Er is tegenwoordig een beweging die pleit voor het inzetten van eigen ervaringen in de hulpverlening.

Ik besloot op dat moment dit niet te doen. Ik voel me er niet comfortabel bij omdat ik denk dat er risico's in zitten voor de patiënten. Dan word ik misschien een rolmodel dat zij zouden moeten volgen terwijl mensen natuurlijk hun eigen weg moeten zoeken, en ik hen daar vooral mee moet helpen. Soms staat zwijgen ten dienste van de hulp aan een ander.

Dus heb ik in dat gesprek niets gezegd. Maar het schoot wel door mijn hoofd. En dat gebeurde meteen daarna opnieuw, toen ik een gesprek had met een moeder van een zoon van twintig die zijn tweede psychose had, en nu moest stoppen met zijn studie. Ik wist nu zelf wat het betekent als er een verwachtingspatroon instort. Ik had een kind dat alles in zich had om heel succesvol te worden en dat door een ongeluk een deel van zijn hersencapaciteit is verloren. Hij was een slim jongetje, zat in de plusklas, en nu zit hij op het speciaal onderwijs. Zijn werkgeheugen is kapot.

Ook nu was ik in de verleiding om te zeggen: 'Ik snap wat u meemaakt.' En ook nu maakte ik de keus om dat niet te doen. Patiënten zijn mijns inziens gebaat bij een empathisch iemand die er blijk van geeft dat hij zich kan inleven in wat de ander meemaakt, en niet alleen bij degene met de stoornis, maar ook bij alle mensen die ernaast staan. Dat kan ik nu meer doorleefd, ook zonder mijn persoonlijke emoties te uiten.

Implicaties van trauma op een gezin zijn enorm: je kunt relatieproblemen krijgen, maakt ruzie met hulpverleners over de zorg, er zijn hoge financiële kosten, vrienden en familie snappen lang niet altijd de impact ervan, dus je raakt ook nog eens sociaal geïsoleerd. Ik wist natuurlijk uit de praktijk en uit de boekjes dat al die dingen kunnen gebeuren, maar nu ik er zelf in zat, moest ik gaan zoeken: wat is mijn rol als expert nou in al die aspecten?

Ik voelde dat ik thuis sterk moest zijn, want ik was het minst aangedaan, ik was immers de enige die niet bij het ongeluk was geweest. Dus ik probeerde de rots te zijn waarop iedereen kon bouwen, terwijl ik het zelf ook erg moeilijk had.

Mede door die twee gesprekken realiseerde ik me: in de spreekkamer ben ik de dokter, maar in de gesprekken thuis dus niet, althans niet in de eerste plaats. Trauma in een gezin is een probleem dat je samen draagt, waarbij niet de een de ziekenrol heeft en de ander de surrogaathulpverlener is. Het is voor mijn vrouw, kinderen en vrienden fijn om te merken dat ook ik met van alles worstel, zodat anderen ook kunnen zorgen voor mij. In de gesprekken met patiënten is er geen wederzijdse zorgverhouding, maar thuis wel. Dat houdt de relatie gelijkwaardig.

Elnathan Prinsen (1982) is sinds april 2019 voorzitter van de Nederlandse Vereniging voor Psychiatrie. Hij werkt als psychiater in een IHT/crisisdienstteam in Deventer bij ggz-instelling Dimence en leidde daar tot voor kort de divisie spoedeisende ggz. Prinsen is getrouwd en heeft drie kinderen.

Couturier Iris van Herpen over de magische conversatie met architect Philip Beesley

In de zomer van 2012 had ik in Parijs een collectie, Hybrid Holism, getoond die gebaseerd was op het werk van architect Philip Beesley. Beesley is een Canadese hoogleraar die 'levende architectuur' maakt: bouwwerken van ademende materialen. Hij had voor de Architectuurbiënnale van Venetië in 2010 een installatie ontworpen van materiaal dat door chemische processen kan uitzetten en krimpen. Dat had me enorm geïnspireerd. Ik ben altijd bezig met het onzichtbare leven dat om ons heen danst: de bewegingen van organismes en energieën.

Ik probeer die onzichtbare krachten zichtbaar te maken in kleding, dat is schoonheid voor mij. Maar veel van de ontwerptaal die we vandaag de dag kennen, is beïnvloed door de machinale productietechnieken van de industriële revolutie. Daardoor hebben we best een beperkt ontwerppalet. Ik zoek daarom altijd samenwerking met wetenschappers en kunstenaars om nieuwe vormentalen te ontwikkelen, bijvoorbeeld door middel van algoritmen, laserprinten of het printen van biologisch materiaal.

Ik kende Philip zelf niet, maar toen hij zag dat ik mijn collectie op zijn installatie had geïnspireerd, nam hij het initiatief om vanuit Canada naar Amsterdam te vliegen en met mij te komen praten. Het was echt, en dat heb ik nooit op die manier meegemaakt, alsof ik een heel oude vriend opnieuw ontmoette. Magisch.

Het was een zaterdag in november, het was koud, er was niemand in het atelier. Hij kwam aan met het vliegtuig, ik denk dat hij de nacht had doorgehaald, dat doet hij wel vaker. Hij was toen zesenvijftig, inmiddels is hij vierenzestig. We zijn gaan zitten bij het raam, en hebben de hele dag gepraat. Dat is uitzonderlijk met iemand die je nog niet eerder hebt ontmoet.

In de meeste gesprekken met mensen die een bepaalde expertise hebben, krijg je antwoord op je vraag. Van Philip kreeg ik ook antwoorden, maar ik kreeg er nog veel meer vragen voor terug. Ik dacht dat ik ruimdenkend was, maar hij kon me toch stimuleren nóg ruimdenkender te zijn. Hij zei: 'Misschien kan jij over een aantal jaar kleding maken die puur en alleen uit energie bestaat.' Ik herinner me mijn overweldigende gevoel van verwondering, want dat was precies de gedachte waarmee ik rondliep. Veel van mijn ideeën bevinden zich op de grens tussen realiteit en fantasie. Ik vind niets zo erg als ideeën niet kunnen uitvoeren. Daarom ben ik altijd aan het leren. Ik maak twee collecties per jaar, en neem een halfjaar voor research, waarin ik ontzettend veel experimenteer.

Philip kon mij de wetenschappelijke onderbouwing bieden voor mijn verbeelding. Hij is ook verbonden aan CERN, het Europese instituut voor onderzoek naar deeltjesfysica. Dat opende deuren waarvan ik niet wist dat ze bestonden.

Na twee uur begonnen we samples uit te wisselen. Het team in zijn studio had speciaal voor deze ontmoeting nieuwe experimenten gedaan, en die had hij meegenomen in een grote koffer. We hebben in die brainstorm drie nieuwe technieken bedacht, die we hier in het atelier de daaropvolgende zes weken zijn gaan uitwerken voor de show in Parijs in januari 2013. Dat was ontzettend krap natuurlijk, maar het moest gebeuren. Tijdens kerst heeft mijn familie thuis nog geholpen met al het handwerk. Die show, Voltage, waarbij we de bliksem in kleding lieten inslaan, is vuurwerk geworden. Philip vloog ervoor naar Parijs, en is sindsdien bij alle shows geweest.

Ik snapte in dat gesprek met hem dat er zo ontzettend veel is waar ik geen weet van heb, nog veel meer dan ik vermoedde – dat is ook het bijzondere van in gesprek gaan met iemand die dezelfde interesses heeft, maar al een leven vol ervaringen achter de rug. En toch was het gelijkwaardig, dat zou je misschien niet verwachten door het verschil in leeftijd en ervaring, maar het was zijn eerste ontmoeting met mode. Wat we doen in het atelier, ons vakmanschap, inspireerde hem ook. Hij heeft in zijn studio een hele wand met samples die wij hebben ontwikkeld, die hem weer verder brengen met architectuurprojecten.

Samenwerking vormt de basis van hoe ik denk en werk. Er zijn designers die thuis tekenen en hun ontwerpen op het atelier laten uitvoeren, maar ik ben onderdeel van het atelier. Die noodzaak van uitwisseling is nu tijdens de coronacrisis wel weer even bevestigd, dit is niet mijn beste periode. Via je laptop heb je toch een ander gesprek dan als je bij elkaar in de buurt bent. Door de fysieke aanwezigheid ontstaat een ander soort aandacht, de chemische interactie van twee mensen in een ruimte gaat op onzichtbaar en onbewust niveau. Ze zeggen toch ook dat als je verliefd wordt op iemand, geur een grote invloed heeft?

Onze studio's werken sindsdien intensief samen. Als zij iets nieuws hebben bedacht, hebben we daar in Amsterdam feedbackrondes over, en andersom. Zo zouden samenwerkingen idealiter moeten gaan. Niet alleen projectmatig samenwerken, maar organisch je kennis over een langere termijn met elkaar kunnen delen, is waardevol voor beide disciplines. Vroeger werkten wetenschappers, kunstenaars en filosofen nauw samen, tegenwoordig is alles in hokjes verdeeld.

Philip is mijn mentor geworden. Hij heeft heel veel invloed gehad op hoe ik werk en denk. Ik denk dat we die zaterdag acht uur onafgebroken met elkaar gesproken hebben. Het was soms best pittig om hem te kunnen volgen, hoor. Hij mengt in zijn woordenschat poëzie, filosofie en wetenschap op een manier die ik van andere mensen niet ken. Hij opent het ene register na het andere. Ik had er al mijn aandacht voor nodig. Op een gegeven moment gingen we naar buiten om even wat te lunchen, bleek het zeven uur 's avonds te zijn.

Iris van Herpen (1984) behoort als couturier tot de wereldtop. Ze werkt met internationale experts in architectuur, biotechnologie en technologie. Omdat ze steeds nieuwe materialen gebruikt, geldt ze als voorloper. In 2011 werd ze uitgenodigd als lid van de Chambre Syndicale de la Haute Couture, een eer die in ons land verder alleen Viktor & Rolf te beurt viel. Van Herpen woont in Amsterdam en heeft een relatie met muzikant Salvador Breed.

Presentator Paul Witteman over de uitnodiging van Marcel van Dam

'Ik vind dat jij *Achter het Nieuws* moet presenteren,' zei Marcel van Dam. 'Daar ben ik te zenuwachtig voor,' antwoordde ik onmiddellijk.

Het was 1985, Marcel van Dam was voorzitter van de VARA geworden. Het was een financieel rommeltje, er werd een hoop onzin uitgehaald en Van Dam veegde met zevenmijlslaarzen de boel schoon. Op een dag werd ik uitgenodigd om 's middags in 'de villa' een borrel te komen drinken. De villa was een gebouw aan de overkant van het VARA-kantoor waar destijds de directie zat.

Ik werkte voor de VARA-radio, dat was mijn redding geweest, daarvóór schoot het allemaal niet op. Ik was na de hbs naar het conservatorium gegaan, maar stopte na een jaar vanwege gebrek aan talent. Ik maakte mijn studie politicologie niet af. Daarna kwam ik in dienst bij *De Tijd* en *Elsevier*, maar ook dat beviel niet. Ik beviel hun ook niet trouwens; ik was die jongen met dat lange haar die linkse stukken probeerde te plaatsen.

Toen ik begin jaren tachtig bij de radio kon beginnen doordat ik de juiste stem bleek te hebben en goed kon formuleren, viel alles op zijn plek. Ik ging in een tweedehands auto het land door om stakende arbeiders voor de microfoon te halen, interviewde politici voor In de Rooie Haan.

In die tijd werd televisie belangrijker dan radio. Er werd gevraagd of ik mijn interviews niet ook op tv kon doen. Daarom deed ik een proefopname voor het programma *Wat voor weer zou het zijn in Den Haag?*. Ik stond alleen zo stijf van de zenuwen voor de camera dat ik geen woord kon uitbrengen. Jan Nagel, chef van dat programma, zei: 'Paul, het is niet goed genoeg.' Ik opgelucht terug naar de radio. En nu vroeg Marcel van Dam of ik een van de belangrijkste actualiteitenprogramma's op tv wilde presenteren.

Ik vertelde hem over dat eerste mislukte optreden, hoe bloedzenuwachtig ik was geweest. 'Ik ben bang dat het na twee, drie keer kapotgeschreven wordt en dat ik mijn radioprogramma's dan voor niets heb opgegeven.'

'Wat een totale onzin,' antwoordde Van Dam. 'Ik heb heus wel een beetje verstand van wat mensen goed kunnen en ik denk dat jij dat kan. Ik maak je niet alleen presentator maar ook eindredacteur, zodat je niet iets hoeft te doen wat een ander voor je bedenkt.' Ik zou dus ook nog eens de baas worden van dat programma.

'Ik geef je de garantie van een jaar,' zei Van Dam. 'Of je nu barst van de zenuwen en totale onzin uitkraamt of niet, we maken pas na een jaar de balans op.'

Dat voorstel was toen al bijzonder, maar in het licht van de huidige gang van zaken in de Hilversumse tombola is dat helemaal uniek. 'Maar dan moet ik wel weten dat je ervoor gaat,' zei hij, 'want ík steek ook mijn nek uit.' Dat loyale aanbod kon ik niet weigeren.

De eerste uitzending ging het al mis. Ik deed net of het interview met toenmalig minister Pieter Winsemius een livegesprek was, maar het bandje bleef hangen. Dat was natuurlijk weer een afgang van heb ik jou daar. Marcel van Dam was in de studio om me een hart onder de riem te steken. Hij zei: 'Joh, wat maakt het uit, dat soort dingen gebeuren in een eerste uitzending.' Maar hij zei ook: 'Volgende keer geen fouten maken, jochie.' Een volgend debacle diende zich aan tijdens een livegesprek met minister van Buitenlandse Zaken Hans van den Broek. Hij belde tijdens de uitzending, en van pure nervositeit en in een poging tot concentratie duwde ik tien minuten lang met een pen tegen mijn bovenlip. Van Kooten en De Bie hebben daar nog een persiflage op gemaakt.

Het was vast mijn verbeelding, maar als ik voorafgaand aan de uitzending stijf van de zenuwen die VARA-kantine binnenkwam, zag ik de aanwezigen al besmuikt kijken: daar heb je die gast die het eigenlijk niet aankan.

Van Dam wees me een coach toe. Ik leerde dat er aan presenteren voor een camera een techniek vastzit die je onder de knie kunt krijgen. Presenteren is ook een vak hè, het is ingewikkelder dan het lijkt. Als je op het moment dat je de tekst uitspreekt je angst aan het verbergen bent, als je bezig bent met jezelf en niet met de inhoud van wat je zegt, is het al fout. De kijker merkt alles.

Daarna ging het bergopwaarts en zakten de zenuwen. Na een jaar maakten we de balans op, de kijkcijfers waren verdubbeld, dus ik had reden aan te nemen dat mijn aanwezigheid niet tot de ondergang van het programma leidde en ook niet tot ondergang van mijzelf. Van Dam zei: 'Je hebt het fantastisch gedaan.' Mijn gebrek aan zelfvertrouwen was de kop ingedrukt.

Nervositeit slaat alles stil, het is een karaktereigenschap, je bent ermee bedraad of niet. Ik heb ook hoogtevrees, en een liveprogramma presenteren was net alsof je vanaf de rand van een kerktoren een gapend gat in kijkt.

Tot op de dag van vandaag ben ik de eerste halve minuut van een uitzending gespannen. Maar dat is meer een functionele alertheid, het is niet meer zo zwaar.

Het gaat er in wezen om dat iemand je op een centraal moment in je leven vertrouwen schenkt. Ik probeer jongere mensen in het vak kennis bij te brengen, maar dat leidt slechts tot marginale verbeteringen. Het is veel belangrijker dat ze zichzelf leren zijn. En die authenticiteit kan alleen worden gestut door vertrouwen.

Ik was het zevende kind van mijn ouders; mijn vader, Piet Witteman, was politicus, minister en voorzitter van de KVP. Hij keek niet echt positief verrast naar zijn jongste zoon, en had niet veel vertrouwen in mijn toekomst. Ik denk dat Van Dam dat goed doorhad, en die rol een beetje wilde overnemen.

Paul Witteman (1946) is journalist en televisiepresentator van onder meer NOVA en *Pauw & Witteman*. Hij presenteert nu op radio en tv een programma over klassieke muziek: *Podium Witteman*. Hij won de Nipkowschijf, de Zilveren Reissmicrofoon en was Omroepman van het Jaar. Witteman woont samen en heeft drie kinderen en twee kleinkinderen.

Advocaat Marry de Gaay Fortman over een gesprek bij het Leger des Heils

In de winter van 1999 bezocht ik Harm van Teijlingen op het hoofdkantoor van het Leger des Heils, aan de Spoordreef in Almere. Harm was hoofd Financiën van Zorg & Welzijn van het Leger des Heils. Ik had vaak contact met hem over vergunningen voor vestigingen van dak- en thuislozenopvang. Als ergens zo'n opvang gepland staat, komt de buurt vrijwel altijd in opstand.

Dit keer speelde er iets anders. Er was een enorme druk ontstaan op de administratieafdelingen van de verschillende vestigingen. Nederland ging over van contant naar giraal geld, maar niet alle cliënten van het Leger des Heils hadden een bankrekening. Daardoor zagen de uitkeringsinstanties zich gedwongen het geld naar het Leger des Heils over te maken, dat het dan weer in contanten verstrekte aan de cliënten. Doordat hulpverleners soms met duizenden guldens over straat gingen, konden er gevaarlijke situaties ontstaan.

Harm legde me uit hoe moeilijk het is om zonder bankrekening weer uit een schuldencrisis op te krabbelen. Stel je voor: je verliest je baan of zaak, er zijn schulden – vaak gokschulden –, er is spanning in het gezin, er komt een scheiding bovenop, en zo verlies je dus het dak boven je hoofd. Omdat je op de zwarte lijst staat van het BKR, het Bureau Krediet Registratie, krijg je ook geen bankrekening of bankpasje meer. Daardoor kun je niet bij je huursubsidie, niet bij je kinderbijslag.

Het raakte me wat hij vertelde. Ik realiseerde me hoe snel het verkeerd kan gaan in het leven. Er hoeven maar twee, drie dingen mis te gaan, er is geen familie om je te helpen, en je staat op straat. Dat geldt dus niet alleen voor de sociaal zwakkeren uit kansarme gezinnen, van wie we dat verwachten. Harm gaf voorbeelden van leraren, hulpverleners, journalisten. Werkelijk iedereen kan onderuitgaan. Dat was toch een beetje een ver-van-mijn-bedshow. Later heb ik iemand uit mijn persoonlijke omgeving die dreigde om te vallen ook met Harm in contact gebracht.

Maar Harm wist niet dat hij nog een ander probleem had. 'Je fungeert nu de facto als bank van de armen,' zei ik. 'Maar je mag niet zomaar geld van derden beheren zonder vergunning van De Nederlandsche Bank. Je overtreedt de wet.'

Harm was van slag. Ik voelde zijn frustratie. Ik herinner me dat ik dacht: o, wat is dit ingewikkeld in Nederland, dat je mensen geen tweede kans kunt geven. Ze hebben alles al verloren, maar ze kunnen ook niet meer het echte leven in, want dan heb je die bankrekening nodig. Toen werd het duidelijk: we moesten gaan nadenken over een blijvende oplossing.

Kantelpunt is misschien een groot woord, maar op dat moment realiseerde ik me dat ik me ook op dat soort complexe maatschappelijke problematiek wilde gaan richten als advocaat. Het tegengestelde effect van regelgeving heeft me altijd gefascineerd en in de kwestie van het Leger des Heils stond de regelgeving het maatschappelijk belang in de weg.

Het heeft de richting van mijn praktijk echt veranderd. Ik ben van *not in my backyard* naar publiek-private zaken gegaan waarbij bedrijfsleven, maatschappelijke organisaties en overheid met elkaar botsen. Zaken waarbij veel partijen op grote maatschappelijke principes samenkomen zoals de Belastingdienst, de Onderwijsinspectie, woningbouwcoöperaties, staatsdeelnemingen, zorginstellingen. Bijvoorbeeld de afwikkeling van Vestia's derivatenportefeuille van 20 miljard euro. Daarbij ging het uiteindelijk om de bescherming van het socialehuisvestingsstelsel, want als dat geld niet voor een deel werd teruggehaald, zou er op de woningmarkt een heel andere dynamiek ontstaan. Voor dat soort zaken moet je een zekere verbetenheid hebben, want die krijg je niet van het ene op het andere jaar opgelost. Je hebt een lange adem nodig.

Dat gold ook voor de zaak van het Leger des Heils. Het duurde vijf jaar voor we alle benodigde partijen achter ons hadden om cliënten een eigen bankrekening te geven. Dat ging om de Nederlandse Vereniging van Banken, de Nederlandse Vereniging voor Volkskrediet, de Federatie Opvang en de Raad voor Rechtsbijstand. In 2004 bood het Leger des Heils het rapport aan de toenmalige minister van Financiën Gerrit Zalm aan. Dat leidde tot een Convenant Basisbankrekening, het recht op een betaalrekening voor iedere volwassene in Nederland, later ook in de rest van de EU.

Wat ik me ook realiseerde tijdens dat gesprek in de winter van 1999: als er niemand meer is, als je niemand meer hebt, is er altijd het Leger des Heils. Er zijn nu 40.000 daklozen en dat aantal blijft groeien. Het aantal daklozen is tussen 2009 en 2019 meer dan verdubbeld. Wat de overheid niet oplost, vangen zij op.

In de Bijbel van het Leger des Heils, die *Het Boek* heet, staat in Spreuken: 'Zeg niet tegen je naaste: "Kom morgen maar terug" als je hem het gevraagde ook direct kunt geven.' Dat principe betekent ook persoonlijk veel voor me. Het rapport dat we in 2004 aan minister Zalm hebben aangeboden had die woorden als motto.

Marry de Gaay Fortman (1965) is advocaat-partner bij Houthoff. Ze is daarnaast commissaris bij De Nederlandsche Bank, commissaris bij KLM, voorzitter van de raad van toezicht van het Internationaal Theater Amsterdam, bestuursvoorzitter van Idfa en bestuurslid bij de Nederlandse Juristen Vereniging (NJV). In 2018 verscheen haar boek *Verdrink geen dooie eend*. Ze woont in Amsterdam en heeft vier kinderen.

Oprichter Daily Paper Rodney Lam over de vragen van zijn acteercoach

Vorig jaar moest ik me voorbereiden op een rol in een film, maar omdat ik geen acteerervaring had, nam ik lessen bij acteercoach Romy Wuyts. Ik ben zo ambitieus; als ik wil gaan acteren, ga ik rondvragen: wie is de beste acteercoach van Nederland? Ik heb maandenlang drie dagen per week drie tot vier uur per keer les gehad bij haar thuis, in Amsterdam-Zuid.

Romy werkt met de Chubbuck-techniek, ontwikkeld door de Amerikaanse acteercoach Ivana Chubbuck, die grote Hollywoodacteurs begeleidt, zoals Brad Pitt, Halle Berry en Charlize Theron. Bij die techniek wordt gebruikgemaakt van je persoonlijke pijn, om je acteren emotionele kracht te geven. Je werkt met substitutie: om een scène te oefenen, ga je in herinnering terug naar een moment waarop je de emoties hebt ervaren die je moet laten zien in de film. Je neemt als substituut voor je tegenspeler iemand in gedachten die dergelijke gevoelens bij je opwekt. Door deze techniek word je gedwongen diep in je eigen emoties te gaan.

Ik wist niet dat het zo confronterend zou zijn, normaal gesproken redeneer je je gevoelens weg, waarom pijnlijke herinneringen ophalen? Nu moest ik ze juist opzoeken. Het zijn haast therapeutische gesprekken.

Ik heb het script voor die film zelf geschreven, en het karakter dat ik speel is net als ik erg ambitieus. De persoon die ik steeds als substituut gebruikte voor de scènes waarin ik belemmerd werd om mijn doel te bereiken was mijn stiefvader. Tijdens een gesprek in de tweede of derde week vroeg Romy: 'Waarom gebruik je steeds hem? Wat is er gebeurd?'

Ik wilde de pijnlijke dingen niet oprakelen, het is verleden tijd. Maar die dag vertelde ik haar een verhaal dat ik nog nooit had verteld, omdat ik er nooit meer aan had gedacht. Ik zal een jaar of dertien, veertien zijn geweest. Mijn ouders zijn gescheiden toen ik elf was, mijn moeder had een nieuwe vriend, die bij ons was ingetrokken. We waren vrij arm, als kinderen hadden we niet veel. Ik zat op het voortgezet onderwijs, maar mijn moeder had geen geld voor schoolboeken. Ze heeft toen haar vriend gevraagd of hij haar dat geld wilde lenen. Het was best een bedrag, een paar honderd euro.

Niet lang daarna was er een familiefeestje in onze huiskamer, in Amsterdam Oud-West, waar ik ben opgegroeid. Al mijn ooms en tantes waren er. Ik zat op de bank. Mijn stiefvader ging demonstratief voor me staan, trok dat geld uit zijn portemonnee en gooide dat voor me neer. In mijn herinnering gooide hij het op de grond, maar het kan ook op de tafel zijn geweest. Hij zei iets heel naars, in de trant van: 'Hier, omdat je eigen vader het niet kan betalen.'

Ik bevroor. Niemand deed iets. Ik zag mijn moeders familieleden kijken van: *what the fuck* gebeurt hier nou? Hun plaatsvervangende schaamte, hun ongemak, ik voelde dat ze medelijden met me hadden.

Maar wat kun je, ik was een kind. Ik heb dat geld van de grond gepakt, ik moest naar school. Ik sprak er verder met niemand over, ik schaamde me.

Die woede, die frustratie ervoer ik tijdens de les met Romy

opnieuw. Totaal misplaatst, want ik ben natuurlijk allang zelfvoorzienend, maar ik voelde weer die afhankelijkheid van dat moment, alsof ik in die huiskamer zat.

Het klinkt raar, maar ik denk dat die gebeurtenis altijd in mij aanwezig is geweest, ook al praat ik er niet over, ook al denk ik er niet aan. Misschien draag je zoiets wel in een kamertje in je hart, stop je het weg, gooi je de sleutel weg, en tijdens dat gesprek kwam dat vrij.

Ik wist ineens: o, dit is dus het moment dat mijn leven heeft veranderd. Want toen heb ik meteen besloten: dit gevoel wil ik nooit meer. Sindsdien heb ik altijd zo veel mogelijk zelf betaald. Van mijn eerste baantje bij de supermarkt legde ik al geld bij mijn moeder neer. Ze heeft het er nog weleens over.

Ik heb het er later nooit meer met die stiefvader over gehad, ik zie hem zelden, ik vraag me zelfs af of hij het zich nog kan herinneren. Mijn ooms, tantes en moeder zijn er ook nooit meer op teruggekomen.

Het gekke is: ik snap de frustratie van mijn stiefvader ook. Ik denk dat het te maken had met mijn vader. Ik heb een lieve vader, met een zacht karakter, iedereen mag mijn vader, alle familieleden van mijn moeder waren gek op hem. Ik lijk erg op hem, dat kan ook een rol gespeeld hebben.

Mijn stiefvader kwam in een gezin terecht met drie kinderen die niet van hem waren, hij had zelf geen kinderen, en dan kwam hij in zo'n setting waarin iedereen nog zo hield van de ex-man. En ondertussen moest hij als nieuwe man mooi dat geld ophoesten.

Dat gesprek met Romy veranderde ook mijn blik op mijn eigen kinderen. Ik heb het tegenovergestelde in mijn eigen gezin gedaan. Ik heb vijf kinderen, de oudste is vierentwintig, de jongste tien. Ze krijgen alles wat ze willen. Aan de ene kant werk ik me kapot en aan de andere kant verwen ik mijn kinderen extreem. Dat heeft gewoon allemaal te maken met dat ene moment.

Je wilt je kinderen iets beters geven dan wat je zelf meegemaakt hebt, zeker als je uit een migrantengezin komt. Maar misschien heb ik het ze te makkelijk gemaakt. Ze zijn gelukkig en ontspannen, maar soms iets te. Geen van mijn kinderen heeft mijn drive. Ik ben sindsdien strenger geworden, ik duw ze meer.

Vreemd genoeg ben ik ook dankbaar voor die ervaring met mijn stiefvader, omdat die me de brandstof heeft gegeven om te bereiken wat ik bereikt heb.

Rodney Lam (1973) is directeur en mede-eigenaar van streetwearlabel Daily Paper. Daarvoor was hij als businessconsultant werkzaam bij verschillende internationale media- en vastgoedbedrijven. Hij schreef het script voor de film *Suriname*, en speelde daarin de rol van Winston Righter. Lam is 26 jaar getrouwd en heeft vijf kinderen.

Architect Francine Houben over de woorden van haar vader

Het gesprek van mijn leven was eigenlijk niet echt een gesprek. Het was meer een fluistering in het oor van mijn vader toen hij in juni 2015 op sterven lag.

Mijn vader was tot mijn zestiende niet echt aanwezig in ons huishouden. Hij was jurist bij de Staatsmijnen, later bij de Gasunie. Hij was een echte wederopbouwvader, veel op reis door Nederland.

Ik had een speciale band met hem. Ik ben nummer vier in een gezin van vijf. Het jongste meisje. Mijn vader en ik hadden nooit diepgaande gesprekken, maar we deden de kleine dingen samen. Plantjes zaaien in kasjes in de bijkeuken. Dat was ons ding. Vooral gele en bruine afrikaantjes. Honderden afrikaantjes brachten we jaarlijks groot. We maakten jam. Ik herinner mij nog goed ons experiment met sinaasappelmarmelade. Eindeloos sinaasappelschilletjes snijden. Hij had zóveel geduld. Ik kan me niet herinneren dat hij ooit boos op me is geweest.

Toen ik zeventien was, kreeg hij een hartaanval, dat was een omslagpunt. Ineens ging hij voor de jongste twee die nog thuis woonden zorgen, maakte híj de boterhammen voor school, in plaats van mijn moeder. Soms vond ik een reep chocola in mijn broodtrommel.

In 1980 startte ik samen met jaargenoten van de TU Delft een eigen architectenbureau, omdat we de prijsvraag Jongerenhuisvesting Rotterdam gewonnen hadden. In 1984 was het gebouw gerealiseerd en had ik pas tijd om af te studeren. Samen met onder anderen mijn toenmalige partner richtten we daarna officieel Mecanoo op. Het bureau nam al snel een hoge vlucht. We wonnen nog een prijsvraag en kregen meer opdrachten. We waren gewild om onze frisse kijk op de stadsvernieuwing en onze tomeloze inzet. Woningbouw moest ook mooi zijn, vond ik. Schoonheid is een basisbehoefte.

Het bureau groeide verder. Een stabiele groei naar veertig man begin jaren negentig. We breidden ons portfolio uit met onderwijsgebouwen, bibliotheken, de openbare ruimte van de binnenstad van Groningen. Ook internationaal vielen we op.

Ik kreeg een dochter en daarna nog een tweeling. Soms was ik zo moe, dan stond het huilen me nader dan het lachen. Dan belde ik mijn vader. Hij kwam dan lekkere boterhammen, beschuitjes met jam en gehaktballen maken. Hij begon wel vaker te zeggen: 'Meisje, je grenzen...' Misschien omdat hij aan zijn eigen hartaanval dacht, hij had ook altijd zo hard gewerkt. 'Ja, ja,' zei ik dan. En daar lieten we het bij.

In 1992 gingen mijn partner en ik uit elkaar. De tweeling was een jaar oud, de oudste was drie. Mijn vader kwam regelmatig langs, hij zei nooit iets verwijtends, niet over mij, niet over mijn ex, hij kookte en hielp met de kinderen, en als hij dan weer vertrok, zei hij op weg naar zijn auto nog even terloops: 'Meisje, meisje, je grenzen...' Hij zei niet: 'Je doet dit te veel, of je doet dat te veel.' Ik weet nog dat ik zei: 'Ik heb nu niet zoveel keus, pa.' Ik was een alleenstaande ouder, met een au pair weliswaar, maar ik werkte zeven dagen per week. Een fulltime werkende moeder was destijds niet normaal, ik werd er op het schoolplein op aangekeken. We hadden net een eigen huis gebouwd waar een flinke hypotheek op zat, ik was economisch afhankelijk van het bureau, had veertig mensen in dienst, ik moest gewoon door. Als architect met een eigen bureau gaat het altijd goed met je, stel je voor dat je daar in zak en as gaat zitten, dat zien opdrachtgevers niet zitten.

Maar het zit natuurlijk ook in mijn karakter: passie. Ik wilde altijd zoveel. En het liefst allemaal tegelijk. Als tiener al. Ik kon goed leren, maar hockeyde ook op het hoogste niveau, speelde mee in de toneelvoorstelling, zat in het schoolbestuur.

Terwijl mijn kinderen opgroeiden gaf ik leiding aan Mecanoo, werd ik benoemd als lid in de VROM-raad, werd ik hoogleraar architectonische vormgeving aan de TU Delft met als specialisatie Mobiliteitsesthetiek. En leidde ik de Eerste Internationale Architectuur Biennale Rotterdam. Vanaf dat moment werd Mecanoo echt internationaal.

Op vrijdags was ik soms zo moe. Dan reed ik met de kinderen naar mijn ouders aan de Nieuwe Parklaan in Den Haag; daar kon ik mee-eten en dan bleef ik slapen. Mijn vader kookte meestal. Hij haalde de sla, bieslook en peterselie uit de tuin die we samen geplant hadden, net als de aardbeien en bessen. Afrikanen deden we niet meer. En dan altijd weer de woorden bij het afscheid: 'Meisje, denk toch om je grenzen.'

En toen was het 2015. Mijn vader was inmiddels drieënnegentig jaar oud. Hij woonde met mijn moeder in een verzorgingstehuis. Zijn lichaam raakte op, ik moest accepteren dat hij zou gaan. Hij zat rustig voor het raam. Mijn laatste woorden aan hem waren een slotsom van al die keren dat hij me liefdevol had geprobeerd te waarschuwen. 'Pap,' fluisterde ik in zijn oor, 'vanaf nu zal ik op mijn grenzen letten.'

Ik zie het als een serieuze opdracht die ik mezelf toen heb gegeven. Ik ben voor mijn inmiddels volwassen kinderen wat meer de rol gaan overnemen die mijn vader voor mij had, ik breng ze opa's gehaktballen en natuurlijk zelfgemaakte jammetjes. Ik heb er een veld met bessenstruiken voor aangelegd bij onze familieboerderij.

Die grote bieslookpollen van mijn vader heb ik na zijn dood uit zijn tuin gegraven. Die kon ik niet achterlaten. Ik heb ze in de tuin naast de peterselie geplant. De moestuin helpt me om in het ritme van de seizoenen te blijven, met mijn voeten in de klei. Eigenlijk heb ik mijn vaders woorden pas na zijn overlijden echt ter harte genomen.

Francine Houben (1955) is architect en oprichter en directeur van Mecanoo, met kantoren in Delft, New York en Taiwan. Ze was verantwoordelijk voor grote projecten als de woontoren Montevideo in Rotterdam, de bibliotheek van Birmingham en het station in Delft. Nu renoveert ze de bibliotheek van New York en Museum Boijmans Van Beuningen in Rotterdam. Houben is getrouwd en heeft drie kinderen.

Stedelijk Museum-directeur Rein Wolfs over een voorstel aan de hoogste baas

Het was april 1995. Mijn leidinggevende, Arina Kowner, en ik zaten op het hoofdkantoor van Migros in Zürich tegenover CEO Eugen Hunziker. Migros is een interessant bedrijf: 75.000 werknemers, de grootste retailer van Zwitserland, met supermarkten, benzinestations, banken en verzekeringsmaatschappijen. Iedere volwassen Zwitser kan lid worden en ontvangt een gratis aandeel. Destijds waren er een miljoen leden.

In 1957 had Gottlieb Duttweiler, de oprichter van het bedrijf, in de statuten laten vastleggen dat 1 procent van de jaarlijkse groothandelsomzet aan sociale en culturele zaken moest worden uitgegeven. Ik werkte voor Migros als afdelingschef beeldende kunst, Kowner was directeur culturele en sociale zaken.

De eerste twee jaar had ik in een museum in Schaffhausen met geld van Migros een reeks tentoonstellingen internationale kunst helpen organiseren. Toen dat ten einde liep, werd ik fulltime bij Migros gepositioneerd. Ik voelde dat het tijd werd om iets anders te gaan doen en stelde aan Kowner een eigen museum voor. Migros had al eens een kleine Kunsthalle gehad, maar daar hadden ze allang weer afscheid van genomen; bij zo'n bedrijf worden altijd weer andere zwaartepunten gezocht. Ik zei tegen haar: 'Als dit gaat lukken wil ik graag lang in Zwitsersland blijven, maar zo niet, dan ga ik wat anders zoeken.' Ik had al sinds mijn studietijd in Amsterdam de droom om een museum te leiden, en het gevoel dat ik dat wel zou kunnen.

Op een kilometer van het hoofdkantoor lag een grote voormalige brouwerij van Löwenbräu. Het was een problematische buurt met een open drugsscene. Ik heb met andere cultuurinstellingen besproken of wij niet iets in die brouwerij konden doen. Ik maakte een kostenplaatje: we konden voor een betrekkelijk laag budget een museum beginnen.

Op datzelfde moment was Migros in een buitenlands avontuur verwikkeld dat op een disaster was uitgelopen. Ze hadden de balans niet goed gecheckt voor ze ingestapt waren, verlies: 200 miljoen euro. Dat was een schandaal natuurlijk, waar de nodige rechtszaken uit zijn voortgevloeid. De Zwitserse pers liet weinig van Migros heel.

Dat knalde allemaal in maart '95, niet lang voor Kowner en ik met CEO Hunziker het voorstel voor een eigen museum zouden bespreken. We dachten: dat kunnen we natuurlijk vergeten, dat voorstel gaat meteen de prullenbak in.

We stapten naar binnen: de directiekamer, met rondom een mooi uitzicht over Zürich, aan de muur een schilderij van Gerhard Richter. Hunziker was een echte Zwitser, een beetje stuurs. Hij begon heel negatief; het was allemaal misgelopen, er waren veel problemen, moeilijke tijden. Kowner en ik voelden al: dit gaat niks worden. Ik dacht: dan moet ik dus wat anders gaan doen in mijn leven, want ik ga hier niet blijven zitten, dat is niet interessant genoeg. Tot Hunziker ineens tot onze stomme verbazing zei: 'Maar weet je wat, ik heb het plan gelezen voor dat museum, misschien moeten we iets goeds doen, we kunnen wel iets positiefs gebruiken, dus ga maar verder, laten we het doen.'

Hij gebruikte helemaal geen culturele argumenten, het was meer op de toon van iemand die eigenlijk met heel andere dingen bezig is, en vanuit zijn gevoel zegt: 'Gewoon doen! Klaar.'

Het was volkomen een verrassing voor ons. Toen we op weg naar boven waren om hem te bezoeken, dachten we nog: dit gesprek had beter twee maanden uitgesteld kunnen worden, en nu bleek dat we geen beter moment hadden kunnen kiezen. Dat we van de catastrofe konden profiteren doordat we met betrekkelijk weinig geld de aandacht daarvan konden afleiden.

Bij Migros gaan dit soort beslissingen langs de leden. Er werd een niet-bindend referendum gehouden. Daar kwam geen gezeur van en we konden het doen. Het leidde tot het Migros Museum für Gegenwartskunst, dat volgend jaar 25 jaar bestaat. We hebben een jaar nodig gehad om te verbouwen, en op 4 mei 1996 konden we het museum openen. Ik weet het nog goed, het was nationale dodenherdenking in Nederland. Er was een grote opening, met aan het eind een schouderklopje van Hunziker: '*Gut gemacht*, we zijn tevreden.'

Zo ben ik op een vreemde manier de museale wereld in gerold, want ik was ook meteen de directeur van dat museum. In het buitenland werken paste me. Ik heb als buitenlander altijd een zekere narrenvrijheid gehad. Als je buiten je normale biotoop zit, heb je een grotere vrijheid. Zo kon ik als niet-Duitse directeur van de Bundeskunsthalle makkelijker in Bonn een tentoonstelling maken over de collectie van de zoon van een kunsthandelaar van Hitler. Dat waren 1500 werken die gevonden waren in woningen in München en Salzburg. Een heel beladen onderwerp. Nu, terug in Amsterdam, heb ik die narrenvrijheid natuurlijk niet langer. Laten we zien hoe dat uitpakt.

Voor mij is de cirkel rond, ik ben terug waar ik als student begon. Ik had als student in Amsterdam altijd al de geheime ambitie hier in het Stedelijk een verantwoordelijke functie te krijgen. De stap die ik in het kantoor van Hunziker kon zetten, was de eerste in deze richting. Eigenlijk is tijdens dat gesprek van nog geen halfuurtje mijn carrière ontstaan.

It saved my life in a way. Op kantoor zitten en me bezighouden met kunstbeheer was niet wat ik wilde. Als je echt ambitie hebt en je een beetje met je handen in het haar zit omdat je het gevoel hebt dat je op een dood spoor kunt komen, en dat het dan toch uiteindelijk de goede richting uit gaat, dat is wel een heel bijzonder moment. Dat heb ik nooit zo sterk gevoeld als tijdens dat gesprek. Ik stapte uit dat kantoor met een gevoel van ongelofelijke opluchting. Nu gaat het beginnen, nu kan ik mijn ambities gaan realiseren!

Rein Wolfs (1960) is sinds 1 december 2019 directeur van het Stedelijk Museum Amsterdam. Hij was eerder hoofd presentaties bij Museum Boijmans Van Beuningen, artistiek directeur van Kunsthalle Fridericianum in Kassel en directeur van de Bundeskunsthalle in Bonn. Hij heeft geen nevenfuncties meer, behalve het jurylidmaatschap voor Zwitserland voor de Biënnale. Hij is getrouwd met Alexandra Blättler. Hij woont in Zürich.

Staatssecretaris Dilan Yesilgöz-Zegerius over de verjaardagsgesprekken met haar moeder

Mijn familieverhaal is in sommige opzichten net een Isabel Allende-boek: ik kom uit een lange, rijke traditie van eigenzinnige, strijdlustige vrouwen. Neem mijn oma Sara in Ankara, midden vorige eeuw: een seculiere republikein, goed opgeleid, economisch zelfstandig, met een kosmopolitische vriendenkring, onder wie Armenen en Europeanen.

Vanaf onze aankomst in Nederland vertelde mijn moeder me op mijn verjaardagen over de vrouwen in onze familie. Ze begon dan met: 'Ik herinner me nog de dag dat je werd geboren; het was heel warm...' En dan waaierde ze uit naar het leven van deze of gene.

Ze vertelde die verhalen natuurlijk omdat ik onze familiegeschiedenis nauwelijks bewust heb meegekregen. Wij zijn gevlucht uit Ankara toen ik acht was. Onze wortels liggen hier niet. Ik heb hier geen opa's en oma's, we hangen niet aan religieuze of culturele tradities, dus toen we aankwamen, hadden we geen symbolen of rituelen die ons konden ankeren. Mooie familieverhalen boden houvast. Ik was altijd blij als mijn moeder vertelde, maar ik durfde er niet naar te vragen omdat ik bang was dat het haar verdrietig maakte.

In de verjaardagsgesprekken die mijn moeder met me voerde, zaten lessen verpakt: 'Kijk altijd vooruit.' 'Hoofd omhoog, rug recht.' 'Laat nooit aan mensen die je willen breken blijken wat je zwakheden zijn, kwaadwillenden zullen daar misbruik van maken.'

Het was eigenlijk pas door het verhaal over tante Nur op mijn achttiende verjaardag dat ik tot me liet doordringen aan welke traditie ik schatplichtig was. Op die 18de juni 1995 vertelde mijn moeder mij over mijn oudtante: Nur *hala* – hala betekent tante.

Tante Nur woonde in Merzifon, in Noord-Turkije. Ze werd in de jaren veertig weduwe met een kind van één. Haar echtgenoot had veel land, veel boeren pachtten bij hem. De traditie was dat hij zou worden opgevolgd door de eerstvolgende in de mannelijke lijn. Mijn oudtante heeft er dwars door alle weerstand heen voor gezorgd dat zij de leiding over de boerderij kreeg. Daar moest ze haar schoonfamilie voor trotseren. Dat was in die tijd, op die plek, in die cultuur natuurlijk volstrekt ongebruikelijk. Ze kreeg in de omliggende dorpen zoveel autoriteit dat ze haar Nur aga noemden – dat zei men vroeger op het platteland tegen mannen die gezaghebbend waren.

Aan het einde van het gesprek met mij zei mijn moeder: 'Je bent nu meerderjarig. Wees je bewust van de kracht die in je zit.'

Mijn moeder is zelf ook door die traditie gevormd. Ze was geen economische migrant, ze had het goed in Ankara, ze moest vluchten doordat ze gezocht werd voor haar politieke opvattingen. Mijn ouders demonstreerden al sinds ze studenten waren voor gelijke rechten van minderheden en vrouwen, en voor de komst van vakbonden. Toen mijn vader gezocht werd, is hij in 1981 naar Nederland gevlucht. Mijn moeder was zwanger van mijn zusje. We woonden bij mijn oma. In het flatgebouw hingen pamfletten van mensen die gezocht werden. Daar hing mijn moeder tussen, maar ze weigerde te vertrekken. Pas toen het echt niet meer kon, en haar medestanders stuk voor stuk in de gevangenis verdwenen, besloot ze met haar twee dochters naar Nederland te vertrekken. Mijn vader heeft zijn jongste kind pas op Schiphol ontmoet.

Mijn moeder had het goed, maar koos er toch voor de strijd aan te gaan. Ze moest alles achterlaten, tot haar familie en haar diploma's aan toe. Niet lang daarna stierf mijn oma. Ik heb haar naam op mijn arm laten tatoeëren: Sara, in mijn moeders handschrift, zodat ik iedere dag herinnerd word aan de sterke vrouwen van wie ik afstam.

Hoewel mijn ouders destijds nog hoopten naar Turkije terug te kunnen keren, begonnen ze hier meteen de taal te leren, en met vrijwilligerswerk. Die houding, dat is de kern van mijn moeders verjaardagsgesprekken met mij: wees geen slachtoffer. Het zijn lessen over zelfbeschikking en weerbaarheid. De verhalen gaan over vrouwen die in moeilijke tijden overeind bleven, in een land waar dat allesbehalve normaal was.

Het kan verschrikkelijk zijn wat je overkomt, maar het hoeft niet je identiteit te bepalen. Je kunt buiten je schuld om heel onrechtvaardig behandeld worden, maar als je steeds bezig bent met de schuld van de ander, raak je machteloos. In de weigering je door tegenslag te laten definiëren, zit de zelfbeschikking, dan ga je over je eigen leven. Je neemt verantwoordelijkheid voor jezelf en je omgeving. Ook als het lastig wordt, juist dan.

Die zelfbeschikking is voor mij de kern van persoonlijke vrijheid. Je hebt natuurlijk niet over alles controle. Een ziekte kan je treffen, dat heb ik zelf ook ondervonden, maar als ik er voor een honderdste regie over heb, pak ik die een honderdste, en richt ik me daarop.

Ook ik heb discriminatie en racisme meegemaakt. Ik zeg niet: kijk eens wat mij is aangedaan, ik denk: ik ga dit van binnenuit veranderen.

Dat 'rug recht, hoofd omhoog' betekent niet dat ik geen emoties laat zien, maar ik laat me er niet door omverslaan. Neem die types van DENK; die hebben mij en andere Kamerleden met een Turkse achtergrond rond de erkenning van de Armeense genocide proberen te intimideren door ons zwart te maken in de Turkse media. Ik kreeg daar veiligheidsproblemen door. Als Nederlandse parlementariër zag ik dat als een poging mij monddood te maken – het was in feite een poging tot ondermijning van de rechtsstaat – maar dat zal ze nooit lukken.

Het is die traditie van mijn oudtante, mijn oma en mijn moeder die ik wil doorgeven aan de kleine meisjes die in onze familie worden geboren, maar ook daarbuiten. Zolang je in de strijdmodus staat, ben je vrij.

Dilan Yesilgöz-Zegerius (1977) is staatssecretaris van Economische Zaken en Klimaat. Als lid van de Tweede Kamerfractie van de VVD was ze woordvoerder politie, veiligheid, rampenbestrijding, grensbewaking, cybersecurity, terrorismebestrijding en drugsbeleid. Eerder was ze bestuursadviseur veiligheid en zorg van het college van B&W van Amsterdam, en lid van de gemeenteraad van Amsterdam. Ze is getrouwd met René Zegerius.

Longarts Sander de Hosson over het gesprek met een ongeneeslijk zieke patiënt

Eind 2004 was ik zaalarts op de interne longgeneeskunde-afdeling van het Martini Ziekenhuis in Groningen. Daar lag toen een mevrouw van begin zestig. Ik weet nog precies hoe ze eruitzag: grijs halflang haar, goed verzorgd. Ze had longkanker met uitzaaiingen, en was niet meer te genezen.

Ik was zesentwintig, arts in opleiding. Ik zei: 'We moeten maar snel beginnen met chemotherapie.' Ze had kleincellig longcarcinoom, dat is een heel agressieve vorm, die ook heel gevoelig is voor chemotherapie. Behandeling kan een levenswinst betekenen van drie tot zes maanden. Maar die mevrouw zei: 'Hoezo "We moeten maar snel beginnen met chemotherapie"? Dat wil ik helemaal niet.' Ik zei: 'Dan gaat u dood!' Toen zei ze: 'Maar ik gá ook dood.'

Ik was van mijn stuk gebracht. Ik zei: ' Maar u bent begin zestig, dat is jong, u bent nog vitaal, u kunt zo'n behandeling aan.' Ze zei: 'Ik schrik een beetje van jouw automatisme om meteen te gaan behandelen. Waar komt die reflex vandaan, als ik vragen mag? Mijn leven is eigenlijk wel klaar, ik weet nu wat ik onder de leden heb, ik weet dat ik doodga. Dan ga ik liever nu afscheid nemen, dan ga ik liever nu naar huis toe en met mijn partner die laatste tijd doormaken in plaats van alleen maar naar het ziekenhuis op en neer te rijden.'

Dit ging helemaal tegen mijn medisch denken in. Ik ben naar een supervisor toe gelopen: 'Jeetje, dit scenario ken ik niet. Iemand die zo vitaal is en die geen behandeling wil.' Toen ben ik weer teruggelopen, ik probeerde haar te overtuigen: u moet het wél doen, dat is beter voor u. Maar ze hield voet bij stuk, heel mooi ergens, maar ook heel verdrietig, omdat ze dan nóg eerder dood zou gaan.

Als ik het erover heb voel ik het conflict dat ik na al die jaren nog steeds een beetje heb: als je toch gewoon wat extra maanden kunt krijgen om afscheid te nemen van het leven, waarom zou je dat dan niet doen? Ik weet nog dat ik tegen die mevrouw zei: 'Maar ik wil u iets bieden, een verzachting van klachten, wat hoop op extra tijd.' Toen zei ze: 'Ook op andere vlakken kun jij echt iets voor me betekenen.'

Op dat moment dacht ik voor het eerst: verrek, er is natuurlijk ook iets anders mogelijk dan medicatie. We hadden toen al een palliatief team. Dat heb ik ingeschakeld. Samen met een geestelijk verzorger hebben we in kaart gebracht wat haar behoeften waren: geen chemo, maar wat dan wel, want ze had natuurlijk pijn, ze had leveruitzaaiingen. We zijn gaan kijken: hoe kunnen we die pijn onder controle krijgen? Ook onderzocht ik met een geestelijk verzorger haar levensvragen. Ze had een dochter met wie ze een conflict had. We zijn gaan kijken of we daar iets mee konden doen.

In de palliatieve zorg kijk je vanuit een holistisch perspectief naar de patiënt. Je wilt lichamelijk lijden verlichten, maar geeft ook psychosociale zorg: is iemand bang? Heeft iemand last van gecompliceerde rouwreacties in een vroeg stadium? Depressieve klachten? Zijn er levensvragen? Chemo- of immunotherapie zijn een onderdeel van die zorg, maar beslist niet het enige.

Wat je vaak ziet, is dat het levensdoel van mensen verdwijnt als ze ongeneeslijk ziek worden. Ik sprak net nog een mevrouw met ongeneeslijke longkanker die zich afvroeg: waarom zou ik dit nog, of waarom zou ik dat nog, nu ik toch doodga? Je probeert dan, en dat vind ik een mooi onderdeel van het vak, samen te formuleren wat iemand nog wél heeft; wat kun je daar nog uit halen?

Het is interessant als zorgverlener op dat niveau met je patiënt te praten. Het komt niet zomaar boven tafel, je moet echt wat moeite doen, vragen stellen, niet invullen. Dat is niet alleen het domein van de geestelijk verzorger, maar ook van elke zorgverlener. In het begin dacht ik: o, dit is een levensvraag, hier moet een geestelijk verzorger bij, maar eigenlijk is het een vraag van mens tot mens.

Ik heb geleerd te luisteren, als je dat niet doet gaat het mis. Ik ben hierin verre van perfect hoor, ik heb daar nog steeds moeite mee, doordat ik vaak geen tijd heb, en denk: ja shit, mijn poli begint zo. En toch is het dan voor alle partijen meer tevreden stemmend om even rustig te blijven zitten samen. Geestelijk verzorgers hebben me geleerd: ga eerst eens op dezelfde hoogte als de patiënt zitten, dat scheelt al een stuk in het contact. Als wij visite lopen zijn er vaak geen stoelen, we zitten niet op ooghoogte, torenen boven het bed uit.

Dat gesprek met die mevrouw was een kantelpunt. De vraag 'wat is voor u nu van belang, hoe ziet u de resterende tijd voor u?' laat ik sindsdien veel meer aan bod komen in mijn spreekkamer.

Net als elke dokter wil ik dat een patiënt zo lang mogelijk leeft, laten we wel wezen. Maar het gaat er, nadrukkelijker dan ooit, niet alleen om hoelang mensen nog leven, maar ook hoe goed mensen nog leven, zeker als de jaren gaan tellen en mensen een slechtere conditie hebben. Je bent geen goede dokter als je therapieën geeft waardoor je iemand extra tijd biedt, je bent vooral een goede dokter als je mensen kwaliteit van leven biedt.

En een holistische visie op die zorg, over méér kunnen praten dan alleen de tumorgrootte en de respons op de chemotherapie, doet de kwaliteit van die laatste fase zó toenemen.

De zorg voor de stervende mens krijgt in de geneeskundeopleiding veel te weinig aandacht. We worden heel goed onderwezen in dat somatische aspect, maar ik leid veel dokters op hier in het ziekenhuis, en ik zie dat zij weinig kennis hebben van de existentiële kanten van het vak.

De mevrouw stierf binnen zes weken na thuiskomst. Ik had zo graag tegen haar willen zeggen wat haar woorden voor me betekend hebben.

Sander de Hosson (1977) is longarts bij het Wilhelmina Ziekenhuis Assen. Hij is gespecialiseerd in palliatieve zorg. In 2018 verscheen *Slotcouplet*, een bundeling columns over zorg in de palliatieve fase. Hij heeft een partner en twee kinderen.

Cultureel ondernemer Laurens Knoop over de regels van zijn gastvader

In de zomer van 1991 verhuisde ik van het Brabantse Oosterhout naar een gastgezin in Doorn. Ik zat op de Vrije School in Breda maar kon daar geen eindexamen doen, dat kon alleen op de Vrije School in Zeist. Op en neer reizen ging niet, dus ik kwam bij een gastgezin terecht in Doorn. Een prachtig oud koetshuis, de oprijlaan van een kasteel. Klassieke inrichting, de wereld van Schubert, Mozart en Bach. Toen ik me daar de eerste keer kwam voorstellen dacht ik: het kan toch niet waar zijn dat ik hier kom wonen?

De vader in het gezin was dirigent Roelof van Driesten, lang verbonden aan het Rotterdams Philharmonisch Orkest en het Nederlands Balletorkest. Ik denk niet dat hij per se op mij zat te wachten, het was vooral de moeder, Wendy, die zei: 'Prima, kom maar.' Er woonde nog een zoon thuis en mijn aanwezigheid vond ze ook wel gezellig voor hem.

De middag dat ik daar mijn intrek nam – ik was vanuit Oosterhout op mijn brommer naar Doorn gekacheld – stond Van Driesten in de keuken. Hij zei tegen mij: 'Welkom Laurens. Je komt hier een jaar wonen, dat betekent dat je de hele week en om het weekend hier zult zijn. Laten we het even hebben over een heel eenvoudige regel hier in huis, en dat is de volgende: voor alles wat je lichaam versterkt hoef je hier nooit om toestemming te vragen. Voor alles wat je lichaam verzwakt, heb je mijn persoonlijke goedkeuring nodig. En jij weet zelf heel goed wanneer dat wel en niet het geval is.'

Dat waren de regels! Ik zei: 'Oké, ik snap het. Als ik een biertje wil pakken op dinsdagavond, dan moet ik dat aan jou vragen, toch?' 'Klopt,' zei hij. 'Maar als ik een boterham wil eten, omdat ik 's avonds honger heb, hoef ik dat niet te vragen?' 'Dan hoef je dat niet te vragen.' 'En chocoladepasta?' 'Dat hoort bij de boterham,' zei hij.

Ik stond perplex. Zo'n simpele regel, maar toch zo kraakhelder. En ik dacht: dit is dus creativiteit mét structuur. Mijn tweede gedachte: en dat is zo te zien een succesvolle combinatie. Wil jij iets in je leven bereiken, vriend, dan zul je die discipline moeten leren kennen.

De Vrije School was supercreatief, maar had geen enkele structuur. Thuis hadden we een kunstzinnig huishouden: mijn moeder was kunstenaar, mijn vader leraar handenarbeid en techniek. Alles wat je bedacht mocht je uitvoeren, en dat deden we ook. We lieten toen mijn ouders een keer weg waren twee kuub zand op de oprit storten en sleepten dat met kruiwagens en scheppen de trap op, omdat mijn broer van zijn kamer een beachclub wilde maken. Het enige wat mijn moeder zei toen ze thuiskwam was: 'Jongens, al dat zand.' Vrij en avontuurlijk, maar ook een beetje rommelig. Ambities kwamen daardoor niet altijd uit de verf.

Ook in Doorn was een onvoorstelbare creativiteit. Van Driesten zelf was voor zijn dirigentschap zeventien jaar eerste violist van het Rotterdams Philharmonisch Orkest geweest. Zijn vrouw, Wendy, was bij hetzelfde orkest celliste en was nu muziektherapeut. Maar hier was structuur, toewijding. Zo trok iedereen zich na het eten terug om nog twee uurtjes te werken.

Hun zoon, Floor, had een draad door de muur getrokken, naar mijn kamer, en daaraan had hij een van zijn twee luidsprekers verbonden. Stipt om halftien 's avonds kwamen de klanken van de Beatles daardoorheen. Tijd voor ontspanning.

Ik was een heel ongeremd kind. Die rust en structuur deden me ongelooflijk goed. Van Driesten zag mijn nieuwsgierigheid naar die nieuwe wereld. Als hij ergens ging dirigeren, zei hij: 'Spring in de auto!' Ik zag voor het eerst Prokofjev: *Romeo en Julia*. Achter de schermen keek ik mijn ogen uit, ik had nog nooit zoiets gezien: de ballerina's, de musici; wat een ijzeren organisatie, wat een discipline. Ik dacht: dit is wat ik wil, totale bezielde creativiteit waarbij je dus niet constant dwarsgezeten wordt door je eigen tekortkomingen en je gebrek aan structuur.

Ik haalde mijn vwo-eindexamen. Het was het gelukkigste jaar van mijn leven. Het verrast me dat ik dat zeg, maar toch is het zo.

Nu heb ik het te pakken, dacht ik toen ik daarna in Utrecht ging studeren, nu weet ik hoe discipline werkt. Maar een jaartje oefenen was natuurlijk veel te weinig. Ik zat bij de faculteitsvereniging, bij een studievereniging, zat in drie commissies, ging nooit voor vier uur naar bed, en haalde ook nog eens mijn tentamens. Ik voelde me de koning. Ik was zo ambitieus, ik voelde dat vuur branden, maar ik wist niet wat en ik wist niet hoe.

Op een dag hebben ze me op de vereniging naar buiten gedragen en op bed gelegd. Ik heb drie jaar niks gekund. Nu zouden we het een burn-out noemen.

Gaandeweg heb ik steeds beter die innerlijke rem leren afstellen. Maar het blijft een permanente strijd tussen structuur en creatieve onrust, tussen consolidatie en vernieuwing. Op het moment dat het me lukt toegewijd, gedisciplineerd iets tot stand te brengen, heb ik een enorm geluksgevoel.

Het gesprekje met 'Rolli', zoals ik hem ging noemen, duurde misschien een minuut, maar ik denk er haast dagelijks aan. Ik leerde dat als je iets wilt bereiken op welk vlak dan ook, je iets moet kunnen uitstellen, dat je de teugels niet altijd maar kunt laten vieren. Het leven is immers, om met Godfried Bomans te spreken, 'meer maandagochtend dan zaterdagavond'. Je kunt het op zaterdagavond bedenken, maar je moet het op maandagochtend doen.

Laurens Knoop (1973) is oprichter van The School of Life Amsterdam, een cursusinstituut op het gebied van persoonlijke ontwikkeling. Ook is hij oprichter en board member van Brainwash, een ideeënplatform en festival. Hij initieert en organiseert regelmatig debatten. Daarnaast werkt hij bij investeringsmaatschappij Vincentive, die duurzame ondernemingen steunt. Hij woont samen met zijn vriendin en een deeltijdhond.

Hoogleraar remonstrantse theologie Christa Anbeek over het bezoek aan haar psychisch zieke broer

Het moet ergens in 1981 of 1982 zijn geweest. Ik ging op bezoek bij mijn broer Bart in de psychiatrische instelling Ermelo Veldwijk. Ik was ongeveer twintig, hij vijfentwintig. Hij was gedwongen opgenomen omdat hij psychotisch was, en suïcidaal.

Na een paar maanden zou hij een herbeoordeling krijgen. Mijn broer had zes weken lang ontzettend zijn best gedaan om zich aan alle regels te houden, alle therapieën te volgen, precies te doen wat van hem gevraagd werd. Hij wilde heel graag zijn vrijheid terug.

De avond van de herbeoordeling ging ik bij hem op bezoek, een doordeweekse avond, in mijn herinnering was het voorjaar. Ik trof hem ontredderd aan, in tranen. Hij zei: 'Ik ben krankzinnig verklaard.'

Toen bestond de krankzinnigenwet nog. Je werd ontoerekeningsvatbaar verklaard, een gevaar voor jezelf en anderen. Op grond daarvan kon je gedwongen opgenomen worden.

Ik wist niet dat zoiets kon gebeuren. Toen een vriendin van mij ongeneeslijk ziek werd, vertelde haar man aan hun zoontje van zeven: 'Mama wordt niet meer beter, ze gaat dood.' En dat jongetje zei toen: 'Ik wist niet dat dat kon.' Zo voelde ik me ook die avond. Er is dus kennelijk een werkelijkheid waarvan je niet weet dat die bestaat, dat anderen kunnen beslissen dat je krankzinnig bent, en dat daardoor je hele perspectief verandert.

Toen ik jaren later als geestelijk verzorger bij dezelfde instelling ging werken, heb ik gezien wat diagnoses met jonge mensen doen. Ze kunnen intelligent zijn, een studie doen – mijn broer zat op de hts – maar met bepaalde diagnoses realiseren ze zich in één klap dat hun toekomstdromen ver verwijderd zijn van wat nog mogelijk is. Dat zag ik bij mijn broer ook, toen hij met die term uit de normale wereld werd gezet. 'Krankzinnig' is toch een beetje: voorgoed en voor altijd. Hij had toen nog niet alle hoop opgegeven, hij was niet voor niets zo zijn best aan het doen.

Dit gesprek die avond, zijn vertwijfeling en ontreddering, is voor mij de aansporing geweest om altijd eerst de mens te zien, en niet de aandoening. Voor mij veranderde er na die krankzinnigverklaring niets. Hij bleef mijn grote broer, iemand met dezelfde handen als ik, die enorm verdrietig was, die niet wist: hoe nu verder.

Hij en ik waren zeer met elkaar verbonden. Ik heb inmiddels twee kleinzoons die ook vijf jaar met elkaar verschillen, en ik zie hoe zo'n jongste alles van het oudere kind kopieert. Als de oudste van een stoel af springt, doet de jongste dat ook. De jongste zal zich niets herinneren van deze jaren waarin de oudste zo belangrijk is, maar het zal in zijn lijf gaan zitten. Dat was net zo bij Bart en mij.

Toen ik in de psychiatrie ging werken, heb ik dat menszijn altijd op de eerste plaats gezet. Ik was niet bang, niet voor de mensen en niet voor hun ziektes. Er zat iemand tegenover mij van wie ik dacht: wie ben jij? Van wie ben jij de moeder of de zus of het kind? Ik stelde altijd honderd vragen: waarom ben je hier opgenomen? Waar woon je eigenlijk, en wat is er nou precies met je? En hoe voelt dat dan? Dat bleek aan te slaan. Je haalt iets tevoorschijn van iemand dat met zijn kern te maken heeft.

Die houding had ik ook in het contact met Ada de Jong. Zij verloor haar man en drie kinderen bij een klimongeluk in Italië. Ze had mij geschreven omdat ze *Overlevingskunst* had gelezen, en verder niemand kende die ook grote verliezen had meegemaakt. Die gesprekken van ons, waaruit een boek is ontstaan, zijn rauw geweest. Ik wil dwars door narigheid heen kunnen kijken: wie zit daar en hoe kan die hier een weg in vinden?

Heel vaak gaat het juist andersom: mensen deinzen terug. Ada zei: 'De eerste keer dat ik weer boodschappen ging doen in de Albert Heijn, leek die helemaal leeg; iedereen dook weg.' We leven natuurlijk in een samenleving waarin vooral de successen en de gezondheid en alles wat lukt, vooropstaan. Mensen zijn vaak alleen met hun wonden.

Bart heeft zich gesuïcideerd toen hij negenentwintig was, de dag nadat mijn moeder was overleden. We waren bij elkaar geweest om alles te regelen, en aan het eind van de dag ging iedereen naar zijn eigen huis. Als ik toen het gevoel had gehad: dit kan weleens misgaan, had ik hem nooit laten gaan. Mijn vader had zich het jaar daarvoor gesuïcideerd, en in het gesprek dat we daarna voerden, zei mijn broer: 'Ik weet zeker dat ik het ook doe, alleen nog niet wanneer.' Toen hij de volgende dag niet kwam opdagen op een afspraak, werd ik direct onrustig.

Ik heb mijn broer uiteindelijk niet kunnen helpen, maar dat was ook mijn intentie niet. Mijn intentie was contact houden. En dat is wat ik als geestelijk verzorger ook deed. En met Ada ook. Ik kan natuurlijk niets dóén als iemand haar gezin kwijt is, denk je dat zo'n boek dan helpt? Het zou belachelijk zijn te denken dat dat ook maar enigszins tegenover dat verlies kan staan. Maar het gaat om het in gesprek blijven, het kunnen kijken: wie is de mens daarachter?

Daar ben ik ook professioneel mee bezig. Ik ontwikkel een filosofie van de kwetsbaarheid: dat je je zonder stoerder te doen dan je bent, aan elkaar over en weer laat zien, omdat er dan iets nieuws kan ontstaan. Filosoof Hannah Arendt schreef: 'In die uitwisseling word je opnieuw geboren.'

Het is een heftig verhaal zo al met al, maar het is nodig om uit te leggen waarom ik zo onbevreesd naar de ander wil kijken, en hoe dat begon: in een gesprek met Bart, op een gesloten afdeling in Ermelo Veldwijk.

Christa Anbeek (1961) is hoogleraar remonstrantse theologie. Zij schreef *Overlevingskunst*, over de dood van haar partner in 2007. Met Ada de Jong publiceerde ze in 2013 *Berg van de ziel*. *Voor Joseph en zijn broer*, dat vorig jaar verscheen, won de prijs voor het beste spirituele boek. Ze woont in Utrecht.

Dj Sunnery James over het gesprek met de artsen van zijn vader

Op een avond in 1998 zouden mijn ouders samen naar mijn oma gaan, maar vanwege een kinderachtig ruzietje ging mijn vader alleen. Midden in de nacht werden we gebeld: hij had een ongeluk gehad in de IJ-tunnel, we moesten onmiddellijk komen. Ik zie het nog voor me, vier uur 's nachts, mijn vader in zijn intensivecarebed, overal bloed.

Er kwamen twee artsen aan zijn bed. Die zeiden: 'U hebt geen inwendige bloedingen, maar uw heupkom is afgebroken, u gaat nooit meer lopen.' 'Jawel hoor,' zei mijn vader meteen. 'En niet alleen lopen, rénnen!' De doktoren zeiden: 'Deze reactie herkennen we, mensen willen het niet horen.' Maar mijn vader wuifde het weg: hij voelde dat hij weer ging lopen, zei hij.

Ik was zeventien, ik voetbalde op hoog niveau, alles ging goed, en dan gebeurt er zoiets, alles staat even stil. Je weet meteen hoe snel het leven over kan zijn, hoe snel iets kan veranderen. Mijn vader was drieënveertig, ik dacht altijd dat hij niet kapot kon.

Na drie maanden platliggen in het ziekenhuis kwam hij in een revalidatiekliniek. Daar ging hij meteen aan zijn herstel werken. Hoewel het niet mocht van de verpleegkundigen, probeerde hij toch steeds te staan, om zijn benen te kunnen voelen. 'Ik moet de spieren eromheen sterk houden,' zei hij. Hij had er een hele theorie over. Niemand nam die serieus. Mijn moeder en ik luisterden naar de doktoren, naar de psycholoog, die zei: 'Jullie moeten hem bijstaan, hoe moeilijk het ook is, maar ga niet mee in dat weer-kunnen-lopen-verhaal.'

Ik dacht: jee pa, wat doe je eigenwijs, ga wat beter om met de realiteit. Ik wilde hem steunen, zei tegen hem: 'We komen er samen wel uit.' Maar hij wilde niks van medelijden weten.

Negen maanden na het ongeluk had hij opnieuw een afspraak in het Amsterdamse Andreas Ziekenhuis. Ik kwam meteen uit school. Mijn moeder zei: 'Ze hebben al twee keer foto's gemaakt, ik maak me een beetje zorgen, want hij moet straks nog eens.' In totaal maakten ze vier keer dezelfde foto's.

In de spreekkamer zagen de artsen er helemaal niet positief uit. We dachten: wat is dit? Hebben ze nou nog iets gevonden? Ze zeiden: 'Nou meneer Gorré, we kijken inmiddels al de hele dag vanuit alle hoeken en gaten naar uw foto's, maar zo te zien is uw heupkom aangegroeid. Volgens de wetenschap kunnen heupkommen niet aangroeien. Misschien dat er toch een heel klein stukje over was dat we over het hoofd gezien hebben; dat het bloedweefsel dan toch iets doet, dat het weer gaat groeien, dat is het enige wat we ervan kunnen maken. Als dit zo doorgaat, gaat u gewoon weer lopen.'

Mijn moeder moest huilen, maar mijn vader toonde aanvankelijk weinig emotie. Je zag hem kijken: ik heb dit moment zo vaak gedroomd, zo vaak gevisualiseerd, is het echt waar? Naarmate het gesprek langer duurde, zag je de opluchting bij hem aankomen.

Dit gesprek heeft zoveel betekend voor mij. Ik dacht: wow pa, je hebt altijd geweten dat het goed zat met je lijf. Geleerde doktoren beweren op basis van foto's anders, en jij bent blijven geloven in je gevoel.

We omhelsden elkaar, we zeiden: 'We gaan ervoor!' Maar het was in het begin nog steeds erg moeilijk: een man met trots die in zijn eigen huis nog geholpen moest worden door zijn zoon en zijn vrouw. Door veel praten zijn we daar met z'n drieën doorheen gekomen. We hebben een heel sterke band.

Ik ben daarna veel meer vanuit mijn gevoel gaan leven. Toen ik een paar jaar later, op mijn eenentwintigste, stage liep bij Chelsea en mijn enkel brak, wist ik op het moment dat het gebeurde: dit is klaar. Ik was zover dat ik op het hoogste niveau zou voetballen, iedereen was blij met me, maar ik voelde ogenblikkelijk: dit is voorbij. Toen ben ik verdergegaan met muziek. Dat ging zo goed dat ik er na twee jaar mijn business van kon maken.

Je kunt mij niet snel negatief krijgen. Laten we niet treuren voor het nodig is. Mijn moeder en ik hebben destijds negen maanden lopen treuren over iets waarover we niet hadden hóéven treuren. We hadden buiten al een schans voor de deur gebouwd voor de rolstoel, we hadden binnen alles aangepast – voor niets. Als we het gevoel van mijn vader hadden omarmd en ondersteund en niet hadden tegengesproken, was het herstel misschien nog wel sneller gegaan. Dan ben je positief met elkaar en hoef je niet steeds met zware benen aan te komen bij het revalidatiecentrum. Ook in deze coronatijd is dat voor mij een houvast, om hoop te houden, om niet de doemscenario's in te gaan.

Wat men ook tegen je zegt: als je vanbinnen iets voelt, mag je dat volgen. Dat was voor mij de les. We leven in een bepaald systeem, dat is een enorm houvast, maar je kunt ertoe neigen zo'n systeem blind te volgen, aan alles toe te geven wat het systeem jou voorlegt. Dat zal ik dus nooit doen. Ik wil niet volgen, maar voelen.

Als mijn kinderen een gevoel hebben dat tegen de stroom in gaat, vertrouw ik dat. Als ze zeggen: 'Pa, ik heb daar geen zin in', ga ik dat niet doordrukken omdat het voor mezelf makkelijk is. Mijn vrouw en ik zijn daarin gelukkig soulmates. Soms is dat moeilijk, op school denken ze weleens over ons: hebben die gasten ze wel op een rijtje? Maar als je kinderen steunt in hun gevoel, geef je ze vertrouwen in zichzelf, in het leven, in plaats van in een systeem.

Mijn vader zei laatst: 'Dit was het dieptepunt van mijn leven.' Ik zei: 'Dat snap ik, pa. Het is heel heftig geweest. Maar dat geloof in jezelf is misschien wel het belangrijkste wat je mij hebt kunnen geven.'

Sunnery James Gorré (1981) vormt sinds 2009 samen met Ryan Marciano een dj- en producersduo, dat wereldwijd geboekt wordt. Hij is getrouwd met Doutzen Kroes, samen hebben ze twee kinderen.

Watergezant Henk Ovink over het werkbezoek van een Amerikaanse minister

Op 2 en 3 januari 2013 reisde ik met Shaun Donovan, de Amerikaanse minister van huisvesting en stadsontwikkeling, door Nederland. Een paar maanden eerder had de superstorm Sandy de regio New York onder water gezet. Shaun was voorzitter van de Hurricane Sandy Rebuilding Taskforce. Hij was met zijn gezin op vakantie in Berlijn met de kerst en vroeg of hij mocht langskomen om van het Nederlandse waterbeleid te leren. Hij zei: 'Ik heb een heel ingewikkelde klus.'

Ik was toen waarnemend directeur-generaal Ruimte en Water bij het ministerie van Infrastructuur en Milieu. Ik heb hem van het station in Rotterdam gehaald en twee dagen op sleeptouw genomen. We zijn naar de Maeslantkering geweest, de Delflandse Kust, de Zandmotor, de Scheveningenboulevard, Almere, het Watermanagement Centrum van Rijkswaterstaat in Lelystad, naar Kampen met de hoogwaterbrigade en de balgstuw en naar het Amsterdamse Stationsplein, waar in de nieuwe Noord/Zuidlijn een waterkering werd opgenomen. Ook voerden we gesprekken met het team van de Deltacommissaris, de waterschappen, gemeenten en Deltares.

We werden rondgereden in een busje met mensen van de ambassade en beveiligers, en tussen de stops door zaten we met z'n tweeën op de achterbank te overleggen: hoe pak je zo'n project nou aan?

Het was al meteen duidelijk: dit was een enorme klik. Er zaten daar twee mannen van professional tot professional te praten, maar ook twee jongens die op dezelfde manier, met dezelfde ambities, naar de wereld keken, die oprecht geloofden dat het anders moest en kon. Hij vroeg of ik wilde adviseren over de organisatie van zo'n taskforce, maar ik dacht: er kan veel meer.

De klimaatverandering in goede banen leiden is de grootste opgave in de geschiedenis. Dat is zo'n groot en complex fenomeen, dat overstijgt organisaties, wetgeving en landen. Je moet kunnen ontsnappen aan de lock-in van gevestigde belangen en achterhaald beleid.

Hier was iemand die dat kon. En op wat voor moment: het Congres had gezegd: 'Bouw terug wat er was; daar krijg je 60 miljard dollar voor.' Maar hier lag natuurlijk de kans ons voor te bereiden op de toekomst in plaats van alleen maar te repareren. Storm Sandy had laten zien hoe kwetsbaar we zijn voor het water. Met slimme ingrepen kon je hier duurzaam wederopbouwen.

Bovendien realiseerde ik me: we hebben maar één keer de kans om dwars door polarisering van partijen heen te gaan. De Democraat had evenveel water in zijn voortuin als zijn Republikeinse buurman. De ramp zorgde ervoor dat het iets van beide partijen werd. En dan ook nog tijdens de ambtsperiode van zo'n ambitieuze president. Shaun had van Obama de opdracht gekregen: *fix it!* Regel het geld, regel de verandering.

Ik kwam die eerste dag al thuis met duizend verhalen, dus mijn vrouw Irené dacht: er is hier iets aan de hand, er gebeurt hier iets.

Mijn werk is erg persoonlijk, ik word geraakt door de ellende die ik zie. Dat stopt nooit. Maar dat is niet altijd wederzijds, soms is het voor de ander gewoon een baan. Maar Shaun heeft net zo'n drive als ik.

Na die tweede dag dacht ik: met jou wil ik werken want we kunnen de wereld veranderen. Ik zei tegen Irené: 'Hij vliegt zo weg, ik stuur hem een e-mail. Maar als ik die stuur, is er een kans dat-ie zegt: "Kom maar." Ga je dan mee?' 'Ja,' zei ze onmiddellijk, 'ik ga met je mee, dat gaan we doen.'

Ik mailde hem: '*I hope I am not being too forward*, ik hoop dat ik niet te direct ben, maar ik geloof dat Sandy een gamechanger is die we met beide handen kunnen aangrijpen. Als jij dat ook vindt, wil ik met je samenwerken, maar dan moet je wel beloven dat je het onderste uit de kan haalt.' Meteen nadat hij geland was, mailde hij terug: '*You are just being forward enough. When can you start?*' Niet lang daarna woonden Irené en ik met onze kat, Alpha, in Washington DC.

Ik organiseerde voor de wederopbouw een competitie: Rebuild by Design. Uit de hele wereld meldden zich 148 teams met voorstellen, we zijn met 10 daarvan gaan werken. En de schop gaat dit jaar in de grond! Voor Staten Island komt een kunstmatig rif van ecoconcrete, dat het onderwaterleven bevordert en voor golfslagreductie zorgt. Er komt kustversterking in een U-vorm om Manhattan heen, waarin de waterveiligheid geïntegreerd is in andere projecten, zoals parken en een museum. Hoboken krijgt betere regenopvang, er komen waterkeringen met kades en parken. En dan zijn er nog projecten in de Meadowlands, op Long Island en in Connecticut.

Na Rebuild by Design organiseerden we soortgelijke competities in de Verenigde Staten, onder meer in de Bay Area van San Francisco. Maar ook in India, Bangladesh en Indonesië. Zo zie je dat je vanuit een gesprek op de achterbank ineens wereldwijd dingen kunt veranderen.

Ik zoek dergelijke gesprekken op. Ik had ook een gesprek

kunnen noemen met de senior director van de Wereldbank waardoor we een Watercommissie bij de Verenigde Naties konden opzetten. Ik heb waanzinnige gesprekken gevoerd met waterautoriteiten in Gaza, in Peru, in Vietnam. Ik ben altijd bezig te ontdekken hoe we een samenwerking naar een hoger niveau kunnen tillen. Alleen samen komen we tot iets goeds, ik ben niets zonder die ander.

Maar met Shaun en zijn gezin is een vriendschap ontstaan die tot op de dag van vandaag duurt. Ook op hem heeft het gesprek grote indruk gemaakt. Hij is in de race voor het burgemeesterschap van New York, en vertelt dan weleens over de Taskforce en dat hij naar Nederland ging, en ik hem een e-mail stuurde en hij antwoordde: 'Wanneer kun je beginnen?'

Henk Ovink (1967) is de Nederlandse watergezant. Hij is mede-initiator en sherpa van de Watercommissie van de Verenigde Naties. Hij is lid van de Water & Climate-adviesgroep van WaterAid voor de klimaatconferentie in 2021. Ovink heeft een onderzoeksaanstelling aan de Rijksuniversiteit Groningen en geeft les aan de London School of Economics en aan Harvard Graduate School of Design. Hij woont in Rotterdam met zijn vrouw Irené Leloux.

Predikant Claartje Kruijff over wat ze hoorde van een studiegenoot

In het najaar van 2018 zat ik voor een nascholing in een gespreksgroep. Op de eerste bijeenkomst moesten we vertellen over een ervaring die ons leven op z'n kop had gezet. Er was iemand die vertelde over het moment waarop zijn partner hem in de steek had gelaten. Iemand anders vertelde over de dood van haar man – 'Dit verdriet is te groot,' zei ze. Een derde groepsgenoot had een amputatie ondergaan: zij had moeten kiezen tussen het verlies van een ledemaat of sterven. Van al die verhalen werden we natuurlijk stil.

Als laatste nam de man die een beetje achteraf zat het woord. Hij was helemaal in het zwart gekleed, zwarte bril, verweerde kop, een creatief type. 'Ik wil jullie iets geven,' zei hij. 'Ik heb hier rode knoopjes, en die ga ik uitdelen.'

Hij vertelde dat toen een goede vriend zelfmoord had gepleegd, hij besloten had het roer om te gooien. Hij verruilde zijn academische carrière voor een opleiding tot geestelijk verzorger in een hospice voor kankerpatiënten.

Zijn eerste werkervaring, zo vertelde hij, was een bezoek aan een doodzieke vrouw. In de kamer had een wanhopige man gezeten, en een huilend meisje. Hij was aan het bed gaan zitten, maar kreeg vlekken in zijn nek van paniek. Wat doe ik hier in godsnaam, dacht hij, en rende de kamer uit.

Moet je je voorstellen, dit is je allereerste opdracht na het omgooien van je leven, je denkt: dit ga ik doen, en je zit daar en je rent weg!

Dus de man loopt op straat met de wanhopige vraag: wat heb ik eigenlijk voor ogen met dit werk, ik heb daar toch helemaal niks te brengen, als hij ineens een rood knoopje ziet liggen. Gewoon een knoopje tussen al het andere: voetgangers, verkeer, de wolken. En hij kijkt naar dat rode knoopje en ziet daarin zijn kleine, bescheiden, verbonden, standvastige zelf oplichten. Hij snapt via dat knoopje dat alles wat er is een unieke aanwezigheid heeft in deze wereld. Ook hij dus op dat moment, terwijl hij voelde dat hij nergens houvast had. Hij begreep dat hij toch tevoorschijn moest komen, daar waar hij was. Zoals hij was, met alles wat hij wel en niet te brengen had. En met de woorden 'Je bent van jezelf al genoeg' drukte hij ieder van ons zo'n knoopje in handen.

Dit was voor mij een diep inzicht, waar ik nog dagelijks mee bezig ben.

Kijk, wat hij ineens snapte: je zit aan dat bed, en je bent helemaal vergeten hoe je het ook alweer had moeten doen, je bent bang dat je niet de juiste vragen stelt, of de verkeerde interventies pleegt, maar daar gáát het natuurlijk allemaal niet om, want dat is allemaal gedreven door dat ego dat jij zo'n goede geestelijk verzorger wilt zijn. Door die onzekerheid maak je jezelf te groot. Wat je vergeet op zo'n moment is dat je zo met jezelf bezig bent dat je het verlangen van de ander helemaal niet hoort.

Ik ken dat zelf ook, dat ik wegloop bij een heel ziek iemand, en denk: jeetje, hebben we het alleen over die goeie film gehad, en helemaal niet over de diepste angsten van die mevrouw. Heb ik het dan nog wel goed gedaan? Maar om wie gaat het dan op dat moment? Om die mevrouw? Als je handelt vanuit je eigen tekort, wat deel je dan eigenlijk? Vakmanschap begint bij bescheidenheid.

Voor mij was het een radicale omkering om als startpunt te nemen: wie ik nu ben, is al goed genoeg. Vandaaruit kan ik brengen wat ik op dat moment te brengen heb. Ik hoef me niet steeds te bewijzen. En dat raakt bij mij aan een dieper gevoel dat je er allang bij hoort in het leven, dat je alleen al omdat je er bent, ingebed bent in de wereld. Zeker in mijn werk, als je veel op een podium staat, als je veel in crisissituaties bij mensen thuis komt, heb je meer te brengen als je vanuit zo'n basisvertrouwen handelt.

Maar ik moet me dit vaak voorhouden, hoor. Ik moet het echt oefenen. Ik twijfel vaak. Moet het niet anders, beter? Moet het niet zoals anderen het doen?

Dat wordt ook versterkt door de cultuur waarin we leven. We moeten het steeds verdienen, we moeten ons altijd maar waarmaken. Je wordt zo bevraagd op je prestaties. Zelfs in mijn werk wordt tegenwoordig gevraagd naar je biografie, naar je successen. Sommige mensen hebben daar misschien geen last van, maar ik wel.

Ik ben die rode knoopjes inmiddels zelf ook gaan uitdelen in gespreksgroepen en kerkdiensten. Het raakt mensen. Die ervaring die de man uit die gespreksgroep had: dat met lege handen staan, kennen we natuurlijk allemaal op verschillende momenten in ons leven. Dat je geen idee hebt wat je nog te bieden hebt, wat je rol is.

Dat speelt extra nu er door corona zoveel wegvalt: ondernemingen gaan onderuit, toekomstplannen vallen in het water. Je hebt er niet alleen hard voor gewerkt, het is ook jouw verhaal geworden, het verhaal dat je over jezelf aan de buitenwereld vertelt. Wie ben je nog, nu dat verhaal wegvalt? Ik denk dat inmiddels wel zeshonderd mensen met zo'n knoopje lopen.

Juist dat ik het van een ander heb gekregen, maakt het voor mij zo waardevol. Ik hoor mensen vaak zeggen: 'Uiteindelijk moet het toch uit jezelf komen.' En dan bedoelen ze: het geluk, de zin in het leven. Dat is volgens mij niet zo. De grote, mooie dingen die ik heb meegemaakt in mijn leven kwamen altijd via anderen. Dit knoopje kreeg ik ook uit het niets in een groepsgesprek op een dinsdagochtend in een soort collegeachtige sfeer in mijn handen gedrukt. Ik stopte het in mijn portemonnee, en ik kijk er elke dag naar.

Claartje Kruijff (1971) was organisatiepsycholoog in het bedrijfsleven en is nu theoloog en predikant in Bussum en Amsterdam. In 2018 werd ze uitgeroepen tot Theoloog des Vaderlands. Onlangs verscheen haar boek *Stevig staan in een kwetsbare wereld.* Ze woont in Laren met haar man en drie dochters.

Cabaretier Youp van 't Hek over het advies van zijn vader

Het was zomer 1986, einde van het theaterseizoen. De accountant zei: 'Zo meneer Van 't Hek, dat is goed gegaan dit jaar.' Sinds 1984 was mijn cabaretje gaan lopen. Daarvoor had ik een studentikoos bestaan geleid, tourde ik langs zaaltjes met dertien, veertien mensen. Maar in 1984 kwam ik op tv, en vanaf toen had ik volle zalen. Dat is nooit meer anders geweest.

Ik had voor het eerst geld, dus ik ging naar mijn vader. Ik ken mezelf, ik ben in staat geld heel snel op te maken, ik ben van de rondjes en de gezelligheid. Ik vroeg me af wat slim zou zijn, ik moest straks ook weer decors kopen, het geld twintig jaar vastzetten zou me nerveus maken.

Mijn vader was directeur van de beleggingsmaatschappijen van de familie Brenninkmeijer, van C&A. Daarvóór had ik wel eens bij hem aangeklopt om een beetje geld te lenen. Nu vroeg ik: 'Pap, wat is nou een goede belegging?' Mijn vader keek mij heel lang aan, en zei toen: 'Een goede nachtrust. En dat geldt voor de vrouw die je kiest, voor hoe je je kinderen opvoedt, voor het leven dat je leidt.' Mijn vader was vierenzeventig toen. Hij kwam uit de Amsterdamse Jordaan, uit een kleermakersgezin op de Lauriergracht, een klein huis. Hij was gelovig, katholiek. Ik heb hem er nooit op kunnen betrappen dat hij het ene zei en het andere deed, ik heb nooit gedacht: je zegt dit, maar dát doe je wel – wat je wel bij die gluiperige gereformeerden ziet. Maar katholieken hebben het geluk van de biecht natuurlijk.

Ik vond het zeer verrassend. Hij zei niet: 'Stop het in Philips', het was een appel aan het morele gevoel: zorg dat je de dingen zo doet dat je er niet van wakker hoeft te liggen. Dat je anderen niet besodemietert. Of jezelf. Dat zie je bij anderen toch ook al van een afstand, dat je denkt: je staat jezelf te bedonderen, debiel.

Het is iets waar ik mijn hele leven al iets aan heb. Ik heb een aantal dingen geflikt waar ik slecht van geslapen heb, en steeds opnieuw heb ik aan die opmerking over nachtrust gedacht. Ik denk daar ook altijd aan als ik politici op tv zie: zou hij nou lekker slapen? Ik zie mensen de boel belazeren bij voetbaltransfers, ik zie hoe ondernemers met hun mensen omgaan in coronatijd, hoe sommige vrienden bij hun vrouw weggaan – dan denk ik: daar ben je niet trots op.

Ik kreeg net een brief dat de slaapzakkenboer naar aanleiding van de slaapzakkenactie voor Lesbos de prijzen van die dingen verdubbeld heeft. Dan denk ik dat die man geen goede nachtrust heeft. De koning die een speedboot koopt van twee miljoen, ik denk dat hij daar 's nachts wel van wakker ligt. Dat is een heel ordinair bootje. Iedereen heeft een geweten dat 's nachts opspeelt

Ik heb zelf ook wakker gelegen van zaken in mijn leven, mijn huwelijk, de opvoeding van mijn kinderen, hoe ik omga met mijn bedrijfje met vijftien mensen. 's Nachts al voor je gaat slapen maalt het een en ander door je hoofd. Met een 'weemoedigheid, die niemand kan verklaren,/ en die des avonds komt, wanneer men slapen gaat'. Dat is van Elsschot. Maak ik me zorgen: had ik niet een te grote bek?

Ik ben nu ouder en wijzer geworden, vroeger ging ik tot het

gaatje. Ik deed in elke stad waar ik kwam de lichten uit in de disco. Nu ben ik rustiger, ik heb zes bypasses gehad. Dan is het slim goed te slapen. Maar dat is wat anders, dat gaat om gezondheid, niet om geweten.

Wakker worden door herrie doet me overigens niets. Laatst hoorde ik een gigantisch lawaai. Ik dacht: hé, die hebben het leuk. Ik snap op alle momenten van de nacht alle vormen van lawaai, van feest tot seks tot ruzie – en soms lijken die op elkaar. Ik krijg de slappe lach als mensen klagen. Bij ons is de Rijdende Rechter nog nooit langs geweest.

Mijn vader was een leuke man, hij lulde nooit mee. Ik was bijna veertig toen ik een ordinair groot pand kocht aan de Prinsengracht. Daar hebben we onze laatste woorden gewisseld. Ik vroeg aan hem: 'Kom je kijken, ik heb een huis gekocht.' Mijn vader klimt eens een paar trappen op, staat later in de tuin naar de achterkant van dat huis te kijken en zegt: 'En dat met vier jaar mavo.'

Daar zat alles in, in die ene zin. Al die zorgen van hem om mij. Gelukkig waren we allemaal een beetje mislukt, alleen mijn broertje en een zus hebben een studie afgemaakt, met de overige zes was het tobben, tobben, tobben.

Vlak daarna kreeg hij een hersenbloeding en kon hij tot zijn dood niet meer praten. We hebben heel goed voor hem kunnen zorgen met al mijn broers en zussen, tot het ingewikkelde einde aan toe, daar heb ik een goede nachtrust over.

Ik stelde hem die vraag destijds tussen neus en lippen door, in de tuin, moeder erbij, broodje erbij, en zo gaf hij ook antwoord. Niet van: 'Jongen, ga 's zitten', dat je een hele levensles krijgt. De bedoeling was natuurlijk ook dat ik met mijn beide beentjes op de grond werd gehouden wat geld betreft: doe maar rustig, doe maar niet stoer.

Youp van 't Hek (1954) is cabaretier en columnist. Hij stond tweehonderd keer in Carré en maakte dertig albums. Van zijn gebundelde columns zijn meer dan vijf miljoen exemplaren verkocht. Onlangs verscheen zijn bundel *In corontaine*. Van 't Hek heeft drie kinderen en een kleinzoon, en woont met zijn vrouw, Debby Petter, in Amsterdam.

MKB-voorzitter Jacco Vonhof over een gesprek met Intensief Beheer

Op een ochtend in 1999 kreeg ik een telefoontje van de bank: 'Meneer Vonhof, u hebt de salarissen overgemaakt voor uw personeel, althans, dat wilt u graag, maar dat gaan we niet doen. We komen eerst met u praten.'

Ik schrok me een ongeluk. Ik had honderd mensen in dienst, het was niet in me opgekomen dat er niet betaald kon worden.

Ik was zes jaar eerder als glazenwasser voor mezelf begonnen, met een busje en een ladder. Ik had een groeispurt doorgemaakt, maar verstand van boekhouden had ik niet. Mijn vrouw en ik leden in die tijd een groot persoonlijk verlies en daardoor lag mijn focus ook niet meer helemaal op de bedrijfsvoering. Dan loopt alles ineens keihard van je weg.

Ik kreeg een meneer van ING-bank toegewezen, Jan van der Veen. Hij was van Intensief Beheer; dat zijn de vreselijkste mensen die je bij de bank kunt tegenkomen, tenminste, dat gevoel heb je, want je komt onder curatele.

Ik had een kantoorpandje met een directeurskamer zoals ik dacht dat die hoorde te zijn: een grote kamer met een grote tafel. Die tafel lag vol met papieren; ik wist niet waar ik moest beginnen. Ik kon slecht afscheid nemen van mensen. Werknemers die om welke reden dan ook niet meer konden schoonmaken, zette ik op kantoor. Maar die waren natuurlijk niet opgeleid voor wat ik ze liet doen, dus ik kreeg alle lastige zaken per kerende post terug. Aan die tafel vol ellende nam Jan van der Veen plaats.

Van der Veen was een bankman in een grijs pak en met een streng hoofd, veel ouder dan ik. Ik dacht: o jee, dit is het uur U, nu gaat het gebeuren.

Hij vertelde me zonder enige omhaal: 'Vonhof, ik ben hier met een missie: om te voorkomen dat jij de bank heel veel geld gaat kosten. Ik ben hier om in te schatten of jij de moeite waard bent om nog iets in te investeren. En indien niet, dan zeggen we het krediet op en kun je een curator gaan bellen.'

Het was me duidelijk dat hij niet voor de grap kwam, maar ik zat ook nog in de ontkenning: wat bedoelde hij nou eigenlijk? Ik was in mijn eentje begonnen, nu had ik honderd mensen en heel veel klanten; hoe kon het nou niet goed gaan? Ik was heel open en eerlijk, dat is misschien mijn redding geweest. Ik deed niks bewust fout, ik had gewoon geen idee van mijn uitgaven.

Van der Veen zat me eens een tijdje aan te kijken, en heeft toen waarschijnlijk besloten dat ik nog wel te redden was, dat ik te verbeteren viel. En vanaf toen is hij maandenlang regelmatig bij me geweest, heeft-ie met mij gespard en gesproken, ging-ie naast me zitten uitleggen hoe een boekhouding werkt, wat de basisbeginselen van een organisatie zijn. Die gesprekken met hem hebben mijn ondernemerschap gevormd. Anders was het fout gegaan.

Tijdens dat eerste gesprek zei hij: 'Jongen,' – ik was negenentwintig – 'om te beginnen moet je inkrimpen. Doe je dat niet, dan ga je failliet. Jij bent goed voor je mensen, maar zijn ze ook goed voor jou?' Toen heb ik me voorgenomen: oké, ik ga die rotboodschap brengen. Daar zaten mensen bij die ik al jaren kende, 'vrienden', die later geen vrienden bleken te zijn, die les krijg je er gratis bij.

Ik besloot alleen nog maar mensen aan te nemen die beter waren dan ik. Toen heb ik Elbert-Jan Hesse, die bij een collega-schoonmaakbedrijf werkte, gevraagd voor de bedrijfsvoering. Dat was de opmaat naar het echte succes. Het bedrijf is nu 2200 mensen groot. Financiën, hr, commercie: op een gegeven moment zaten op alle plekken mensen die beter waren dan ik, en dan komt er een dag dat iemand vraagt: 'Kunnen we je kamer niet gebruiken? Wij hebben werkplekken nodig, jij bent toch nooit binnen.' En dan sta je dus buiten. Dat heeft ertoe geleid dat ik nu mag doen wat ik doe.

Ik heb onlangs eens teruggekeken hoe we er destijds voor stonden. Daar schrok ik toch wel van: ik was technisch failliet. Als Van der Veen had gezegd: 'Joh, vriend, dat gaan we niet doen', dan had hij daar alle recht toe gehad. Toch besloot hij me een kans te geven, omdat hij meende te zien dat er wel degelijk een ondernemertje in mij zat. En daar heeft hij werk van gemaakt, daar heeft hij tijd in gestopt.

Dat was me zes jaar eerder ook al gebeurd, toen ik als glazenwasser wilde beginnen en bij de bank kwam met een plan dat nergens op sloeg. Ik had vijfduizend gulden nodig voor een busje en een ladder. Ik had het mezelf nooit gegeven, maar ik kwam bij Frank Straeter terecht, voor mij toen een hoge pief bij ABN Amro, die dacht: dat gaat wel goed komen met die jongen.

Het was fout gegaan met me als ik destijds niet had kunnen beginnen, want ik wist het allemaal niet meer, en een schoonmaakbedrijf starten was ongeveer het laatste wat ik nog kon – en dankzij Straeter kon dat. Dit keer kwam het goed door Jan van der Veen.

Was het me nu gebeurd, dan had ik waarschijnlijk kunnen sluiten. Deze tijd maakt het ingewikkelder voor bankiers zoals Straeter en Van der Veen om te handelen zoals ze deden. Om een persoonlijke inschatting te kunnen maken: wie heb ik tegenover me? Banken kijken tegenwoordig vooral via geautomatiseerde systemen of een onderneming levensvatbaar is. Keuzes worden steeds minder door mensen gemaakt, en steeds meer door computers.

Mijn problemen waren destijds mijn eigen schuld, veel ondernemers nu zijn door corona in de moeilijkheden geraakt. Ik zie ze ontzettend worstelen met liquiditeit. Ik zou ze iemand als Jan van der Veen gunnen in plaats van een schema met vinkjes.

Jacco Vonhof (1969) is sinds 2018 voorzitter van MKB-Nederland. Hij is eigenaar van schoonmaakbedrijf Novon en aandeelhouder van uitzendbureau Djopzz. Vonhof is een gesjeesd student rechten. Hij woont in Zwolle en is vader van een tweeling.

Hoofdeconoom Sandra Phlippen over het advies van een hoogleraar economie

In de winter van 2007 ging ik als aio naar een congres in Aalborg, Denemarken. Het was een congres voor jonge wetenschappers in de economie. Mijn dochter was net drie maanden op de wereld, maar ik moest en zou daarnaartoe.

Mijn man, een jonge hoogleraar in de economie en zo mogelijk nog ambitieuzer dan ik, was met me meegereisd zodat hij op de hotelkamer kon werken, en ik regelmatig kon terugkomen om borstvoeding te geven.

De jonge honden in de congreszaal wilden natuurlijk allemaal promoveren en we werden daarover toegesproken door de Italiaanse hoogleraar Franco Malerba. Hij wilde ons moed inspreken, en hij zei: 'Promoveren is een diep dal, je moet alles op alles zetten om daardoorheen te komen, sluit geen compromissen, tanden op elkaar en doorgaan!' Zijn boodschap sloeg aan, want we werkten allemaal erg hard en waren een beetje eenzaam. Dit zweepte ons weer op.

Toen ik terugkwam bij mijn hotel stond er een mevrouw aan de deur van mijn kamer te morrelen. Ze stond per ongeluk voor de verkeerde deur, ze had de kamer ertegenover. Het was Maryann Feldman, een beroemde Amerikaanse hoogleraar economie. We raakten in gesprek en ze vroeg wat ik van de lezing had gevonden. 'Interessant,' antwoordde ik. 'Laat me je een goede raad geven,' zei ze. 'De academische carrière van een vrouw ziet er heel anders uit dan deze man schetst. Je wordt tussendoor moeder, je verleent mantelzorg, daardoor zullen er onderbrekingen ontstaan. Het idee van een compromisloos leven waarin je met oogkleppen op een academische tunnel in gaat, en je door niets laat afleiden: dat is het verhaal van een man van vroeger, dat is niet het verhaal van een vrouw van vandaag. *It's full of little holes.*' Maar dat is niet erg, zei ze. 'Je komt er ook wel ondanks die onderbrekingen.' Het was duidelijk dat ze uit ervaring sprak.

Op dat moment maakten haar woorden geen indruk op me, ik vond ze zelfs een beetje stom. Ik voelde me meer geïnspireerd door dat verhaal van Malerba. Ik wilde niet geloven dat er een conflict was tussen mijn ambities en mijn pasgeboren dochter.

Ik ging als een speer, ik had twee studies tegelijk gedaan, en was gevraagd te promoveren. Ik had een beeld van een internationaal intellectueel leven, ik had een enorme sturm-und-drang.

Hoewel ik tot drie dagen voor de bevalling had gewerkt, was het me niet gelukt voor de geboorte van mijn dochter mijn proefschrift af te ronden. Als je een kind krijgt moet je je daar mentaal op voorbereiden, ik kwam er in één ruk in. Ik voelde een enorme onrust, ik was onderbroken in mijn denken. Toen mijn dochter vijf weken was, bracht ik haar al naar de crèche van de universiteit om verder onderzoek te kunnen doen, waarbij ik haar elke twee uur even opzocht.

Niet veel later kreeg ik opnieuw de boodschap over de 'little holes'. Een nieuwe begeleider op de universiteit zag niets in mij. Ik zat in zak en as, de hormonen gierden door mijn lichaam en ik besloot de voorzitter van het college van bestuur te raadplegen. Zij zei, net als Feldman: 'Je kunt de wetenschap best even verlaten en later terugkomen. Het kan geen kwaad af en toe achterover te leunen en te reflecteren op je loopbaan. Daar wordt je carrière niet slechter van.'

In 2008 promoveerde ik toch, in 2009 werd mijn zoon geboren. Omdat ik reumatische artritis kreeg, moest ik een halfjaar op non-actief. Dat was mijn eerste onderbreking. Toen ik eenmaal was uitgerust, voelde ik me rot. Ik dacht: nu doe ik niet meer mee, wie zit er nog op mij te wachten? Is er nog wel een carrière voor mij? En dat was het moment waarop ik aan Maryann Feldman moest denken. Dit was dus zo'n 'gaatje'. Ik merkte dat ik me aan haar woorden kon optrekken: even niet meedoen wil niet zeggen dat je er permanent uitligt, je komt gewoon weer terug.

Gaandeweg vond ik een bodem in mezelf, niets doend, uitkijkend vanaf ons trapje in de tuin. Ik vond rust in de kern, ik voelde: dit ben ik, dit kan ik, dit vind ik leuk. Toen ik daar eenmaal was aangekomen merkte ik dat er veel energie vrijkwam.

Ik werd uitgenodigd om hoofdredacteur te worden van *Economische Statistische Berichten*, een vakblad voor economen. Toen bleek dat die onderbreking nuttig was geweest, want op deze plek kon ik veel meer van mijn persoonlijkheid kwijt dan in de wetenschap.

Na vijfenhalf jaar had ik opnieuw zin in zo'n onderbreking, ik dacht: ik ga het nog een keer doen! Toen ben ik opnieuw uit het gejaagde leven gestapt, heb ik weer een halfjaar niets gedaan, en het nulpunt opgezocht: wie ben ik, wat vind ik op dit moment belangrijk? Waar wil ik me nu op richten in mijn werk? Dat je niet weet wie er nog op je zit te wachten, blijft moeilijk hoor. Daar moet je doorheen. Maar ook nu ontstond er gaandeweg rust.

Die stevigheid, het gevoel dat mijn professionele identiteit niet afhangt van een baan, is voor mij belangrijk omdat ik me altijd vrij wil voelen om op te stappen als dingen me niet zinnen. Ik wil altijd weg kunnen.

Ik ben toen chef economie bij het *Algemeen Dagblad* geworden, en ook daarna heb ik weer een halfjaar niets gedaan, en me opnieuw georiënteerd.

Het eerste wat mensen zeggen als ik dit vertel, is: 'Dat kan ik niet betalen.' Dat zal in sommige gevallen waar zijn, maar de meeste mensen die redelijk verdienen, kunnen maandelijks geld opzijleggen waarmee ze het even kunnen uitzingen. Dat heb ik ook gedaan, en dat doe ik nog steeds. Die 'little holes' die volgens Feldman bij een vrouwenloopbaan hoorden, kan ik iedereen aanraden.

Sandra Phlippen (1978) is hoofdeconoom van ABN Amro. Ze is universitair docent aan de Erasmus Universiteit, lid van de wetenschappelijke raad van de Wim Drees Stichting voor Openbare Financiën en curator bij het Nederlandsch Economisch Instituut. Ze is getrouwd met Robert Dur en woont in Rotterdam. Samen hebben ze twee kinderen.

Schrijver Arthur Japin over de woorden van een Italiaanse scriptschrijver

Ik was met een aantal Nederlandse scenarioschrijvers op bezoek bij Tonino Guerra, de legendarische scriptschrijver van filmmakers als Federico Fellini, Michelangelo Antonioni en Andrej Tarkovski. Het was oktober 1992, schitterend Italiaans najaarsweer. Tonino bleek een norse, ontoegankelijke man, maar als je met hem door Pennabilli liep, zijn geboortestreek, leefde hij op. Het zijn twee heuvels in het noordoosten van Italië, Penna en Billi. Hij woonde op de ene, het middeleeuwse stadje bevond zich op de andere. 'Al mijn verhalen heb ik uit deze grond gehaald,' zei hij, 'en nu stop ik ze er weer in terug.'

En dat deed hij. Letterlijk. Het tussenliggende dal en de omgeving zijn overvol van de vruchten van zijn fantasie, een krankzinnige viering van de droom, precies zoals zijn hartsvriend Fellini dat kon doen. Er was een Tuin van de vergeten vruchten, waar hij de geuren en smaken van vroeger weer tot leven bracht, een kapel met fresco's van Het natafelen na het laatste avondmaal: omgevallen kruiken, katten die restjes van de borden likken, de twaalf stoelen rondom leeg. Er was een zonnewijzer die de tijd pas aangeeft als je op de juiste plek gaat staan en schaduw werpt. Hij bedacht een opvang voor weggegooide madonnabeelden en een winkel met herinneringen. Dat winkeltje is leeg, want het verleden is niet te koop. Ook beschilderde hij stenen en verborg ze samen met gedichten overal in de grond en in holle bomen. Misschien worden ze gevonden, misschien ook nooit.

'Dat moet je ook doen,' zei hij, 'vergeten streken van Nederland als inspiratie nemen. Verborgen plekken waar alles mogelijk is.' Dat wij in Nederland geen vergeten natuur of geheime plekken meer hebben, maar dat alles plat is, platgetreden en overvol bebouwd, wilde hij eigenlijk niet geloven. 'En toch moet je daarnaar op zoek,' hield hij vol. 'Je móét. Elke plek heeft de betekenis die je er zelf in ziet.'

Op dat moment dacht ik dat mijn bezoek mij weinig opgeleverd had, maar niet veel later, tijdens mijn onderzoek voor *De zwarte met het witte hart*, bleek Tonino toch een knop bij mij te hebben omgezet. Alsof een motor aangeslagen was, zag ik ineens overal verhalen en betovering, ook in lelijkheid. Op een nacht na mijn aankomst in Djakarta werd ik gewekt door een ijzingwekkende stem op het dak van de moskee naast mijn hotel, die in alle vroegte opriep tot gebed. In plaats van ergernis ontstond het idee voor een verhaal over een muezzin, een gebedsoproeper. Ooit lokte zijn fraaie stem de vogels naar het dorp, maar nu hij te oud is, jaagt hij er elk levend wezen mee weg. Zo ontstonden de *Magonische verhalen*, mijn debuut, vóór mijn eerste roman. Tonino had mij, bijna per ongeluk, laten zien hoe je die sprookjesachtige fantasie kunt cultiveren, zoals de vader uit 'de Wolkenfabriek', een van die Magonische verhalen, zijn dochtertje het industrieterrein waar ze wonen als een sprookje voorspiegelt. De sintels onder hun voeten worden in zijn verhalen aquamarijn, tijgeroog, topaas.

'De waarheid is niet lelijk als je erin aantreft wat je nodig hebt,' zegt Edgar Degas in mijn nieuwe roman. De kunstenaar is blind geworden en gaat, tastend in een homp klei, op zoek naar het gezicht van Estelle, de enige en onmogelijke liefde van zijn leven. Die beeldjes staan in het Musée d'Orsay, heel aangrijpend. Hij wilde dat ze zouden worden vernietigd, maar dat is niet gebeurd. Naarmate zijn zicht verdwijnt, lijken ze abstracter te worden, zoekender, tot er niets meer is dan een blok klei, hier en daar een oogje, een mondje, maar voor hem was zij dat, Estelle, Mrs. Degas. De rollen lijken omgedraaid, wij zien er niets in, hij alles. Je kunt je betovering overal op projecteren.

Met zijn woorden heeft Tonino iets in mij opnieuw aangezwengeld wat eigenlijk al aanwezig was. Van jongs af aan was de werkelijkheid zowel thuis als op school te hard en gewelddadig om haar voor waar aan te nemen. Had ik toen geloofd dat het leven was zoals ik het kreeg voorgeschoteld, dan had ik het niet gered. Het was van levensbelang in iets anders dan de werkelijkheid te geloven. Ik zocht het in films, theater en muziek. We weten wel dat het niet echt is, maar kunnen twee uur lang doen alsof. Waar kunst gemaakt wordt, durft de werkelijkheid niet naar binnen. Daarom is het zo belangrijk dat kinderen er jong mee in aanraking komen: musea, dans, literatuur, toneel. Ook al gaan ze er niet in door, ze móéten weten dat er iets mooiers bestaat, beter, anders, een alternatief voor wat ze nog te wachten staat. Een kind moet weten dat ergens redding is. Schoonheid is een uitweg. Tonino hielp mij herinneren dat overal een wonder te ontdekken valt. Mij lukt dat tachtig procent van de tijd. Soms haalt de werkelijkheid mij in, maar ook na zwarte perioden kun je die blik herpakken. Rust helpt daarbij, je terugtrekken uit de wereld. Daarvoor is schrijven natuurlijk ideaal.

Wij wonen deels in het dal van Lascaux, tussen tientallen grotten vol prehistorische kunst. Aan het eind van ons bos is er een en in een rots van onze buurvrouw is een bizon afgebeeld in kleur. Veertig eeuwen maken mensen daar al kunst en dat voel je. Wij laten er nu wandelpaden maken. Ik neem me voor om her en der, zoals Tonino, geheimen te verstoppen, tekstjes, stenen, inscripties misschien. Ik zou ook op ons terrein begraven willen worden, om er een bloemetje te voeden of een paddenstoel.

Wij hebben een fraaie antieke vogelkooi. Elke keer als een van ons iets moois overkomt, zoals onlangs Benjamins Pulitzer Prize, of als wij stilstaan bij ons geluk, dan schrijven wij dat op een feestelijk gekleurd briefje, dat we dan tot een vogeltje vouwen. Op een dag zetten wij dat kooitje open en vliegen onze mooiste gedachten uit.

Schrijver Arthur Japin (1956) won onder meer de Libris Literatuur Prijs en de NS Publieksprijs. Zijn werk werd wereldwijd vertaald. Zijn nieuwe roman, *Mrs. Degas*, stond na verschijnen in de hoogste regionen van de bestsellerlijsten. Japin woont met zijn partners Benjamin Moser en Lex Jansen afwisselend in Utrecht en Zuid-Frankrijk.

Rabbijn Awraham Soetendorp over wat zijn vader hem vertelde

Toen ik dertien jaar oud was vertelde mijn vader mij over de nacht waarin ik als baby naar een onderduikadres werd gebracht. Er werd thuis slechts fragmentarisch over de oorlog gesproken. Net na de oorlog had mijn moeder een inzinking gehad toen ze hoorde dat haar ouders waren vermoord, nu, jaren later, moest mijn vader, rabbijn, overwerkt, even alleen zijn. Mijn moeder vond het verstandig dat hij de hei op ging. 'Ga jij maar mee,' zei ze tegen mij.

Het is mei 1943, Amsterdam-Oost. Er is een razzia. De deur wordt opengebroken. Er komt een SS-officier met handlangers binnen. Mijn vader kijkt naar mijn moeder en zegt: 'Te laat.' De koffers staan al gepakt. Mijn moeder wilde eerst niet proberen onder te duiken omdat haar ouders er nog waren, maar die waren kort tevoren opgepakt. Het is moeilijk voor mijn ouders een onderduikplaats te vinden met mij erbij. Dus die koffers staan klaar, voor het moment dat het verkeerd gaat of voor als we nog kunnen onderduiken.

Mijn vader vertelde mij: 'De SS'er loopt naar het wiegje waar jij in ligt, drie maanden oud, hij buigt zich over je heen en zegt: "*Schade dass er ein Jude ist.*"' Mijn vader antwoordt: 'Gelukkig dat hij een Jood is, want wat er ook met hem zal gebeuren, hij zal nooit opgroeien als het kind van moordenaars.'

Daarop slaat de SS-officier hem in het gezicht, schreeuwt '*Dreckjuden*' en schreeuwt tegen de mensen om hem heen: 'Deze mensen zijn zo vies, wij kunnen ze nu niet vastpakken.' En zegt tegen mijn ouders: 'Was je, wij komen morgen terug.'

Toen zei mijn vader tegen mij: 'En vergeet nooit, mijn jongen, er stonden tranen in de ogen van de SS-officier, en deze tranen hebben ons leven gered.'

Mijn ouders kregen snel contact met Tiny van de Bilt, verzetsstrijder, vijfentwintig jaar, wat iets zegt over jongeren en de beslissing die ze al heel jong kunnen nemen en de ongelofelijke moed die ze kunnen tonen.

Tiny zorgt ervoor dat ik word opgehaald. Mijn moeder zet de babywagen beneden, daar lig ik in. Zij trekt zich terug op twee- of driehoog en kijkt door het gordijntje. Er komt een vreemde vrouw, die mij in het wagentje meeneemt en uit het zicht van mijn moeder duwt.

In een koffer met luchtgaten ben ik toen naar Bertus en Ria van der Kemp in Velp gebracht, waar ik twee jaar lang in een kelder woonde. Later zou mijn onderduikvader sterven toen hij zich boven op me gooide om mij voor een granaat te beschermen.

Het jonge kind dat ik was kon nog geen naam geven aan wat het beleefde, en toch heb ik alle details opgeslagen. De beelden kwamen voor de woorden. Na de oorlog had ik nachtmerries en liep ik veel weg, de verweesde stad in.

Mijn vader wilde met dit gesprek een les doorgeven: zelfs als het hart volledig verdonkerd is door haat, door indoctrinatie, zolang de blik van een baby die donkerte kan doorklieven, is er niets verloren, en is alles mogelijk. Dan is een SS'er die door Himmler is opgevoed om Joden als ongedierte te zien, in staat een toneelstuk op te voeren opdat zijn handlangers geen argwaan krijgen dat hij overstag is gegaan.

Het is voor mij altijd noodzakelijk geweest vast te houden aan de hoop waar dit gesprek over gaat. Elk ogenblik, elke ontmoeting, is een kans om iets te veranderen.

Dat geldt natuurlijk ook voor mijn onderduikmoeder in Velp. Ze staat in de deuropening en iemand vraagt: 'Kunt u voor deze baby zorgen?' Ze was Duitse van geboorte, maar fel gekant tegen het nationaalsocialisme. Duitse soldaten kwamen bij haar op de thee, haar buren waren NSB'ers. Hoeveel tijd had deze vrouw om te beslissen? Als zij toen gezegd zou hebben: ik kan het niet, had niemand later in de geschiedenis met een vinger naar haar kunnen wijzen. Maar als ze dat gezegd had, was de kans groot geweest dat ik hier nu niet voor u zat, want ik was de baby, en dan waren de kinderen en de kleinkinderen er ook niet.

Als het dan zo is dat ik gespaard ben, waarom ik, en niet al die anderen?

Iemand zei eens: 'Hoe kunt u het over hoop hebben, anderhalf miljoen Joodse kinderen zijn wél vermoord.' Die verantwoordelijkheid – waarom heb ik het wel overleefd – heb ik altijd gevoeld. Ik ging veel langs scholen om te vertellen. Op een dag kwam ik op een school in De Bilt. De kinderen zaten in een kringetje te wachten, ik kwam daar binnen, een oude man met een keppeltje. Ik vertelde ze in een onbewaakt ogenblik over de baby en de SS-officier. En na afloop vroeg ik: waarom denken jullie dat die SS-man mij spaarde? Het was helemaal stil. Ik dacht: hoe kan ik dat vragen aan tien-, elfjarigen, en toen zei een meisje met de naam Emma: 'Omdat u een teer bloempje was, met de wortels nog in de grond. Die kun je er niet uit trekken.' Dat was het antwoord dat ik kreeg. Ik kan er nog om huilen. Het mooiste wat ik ooit gehoord heb.

Het gesprek met mijn vader heeft me op een verantwoordelijkheidsgevoel gedrukt: ik ben er niet voor niets. Ik heb het overleefd, en al die anderen, die meer recht of waarde hadden om te leven, niet. Dat moet je niet overdrijven, krijg ik te horen als ik zoiets zeg, maar toch: als het dan zo is dat ik gespaard ben, waarom ik, en niet al die anderen? Daarom ben ik misschien al zo jong als rabbijn begonnen, ik was vijfentwintig. Ik zag het onmogelijk te dragen verdriet om me heen. En nog blijf ik me inspannen.

Waar het om gaat is dat het verdriet niet de overhand heeft, maar dat de balans doorschiet naar hoop en optimisme. Als je vraagt: wat heb je geprobeerd te doen met je leven, dan is het antwoord misschien: iets van die balans terugbrengen.

Mijn vader moet geweten hebben wat een enorme indruk dat gesprek op mij zou hebben. Dat het consequenties zou hebben, een leven lang.

Awraham Soetendorp (1943) is rabbijn emeritus van de Liberaal Joodse Gemeente in Den Haag. Hij was president van de Europese Regio van de Wereld Unie voor Progressief Jodendom en vicevoorzitter van het Global Forum of Spiritual and Parliamentary Leaders. Hij is oprichter van de Week van Respect. Soetendorp is getrouwd en heeft twee dochters en zeven kleinkinderen.

Politicus Lodewijk Asscher over de laatste twee gesprekken met Wim Kok

In 2017 verloor ik met de PvdA de verkiezingen, en niet zo'n beetje ook. Een van de mensen met wie ik in de nasleep daarvan een gesprek zou hebben, was Wim Kok. Ik heb altijd grote bewondering voor hem gehad. Hij was voor mij het ultieme voorbeeld van wat een premier moet zijn. Ik heb eens campagne met hem gevoerd; we liepen over het Amsterdamse Osdorpplein, hij met een windjack aan, en de mensen kwamen op hem af als op een magneet: 'Ach meneer Kok, was u er nog maar!' Dan zei hij: 'Nou, ik ben er nog, hoor.'

En nu moest ik uitgerekend naar hem toe met het verhaal 'Ja sorry, ik heb de vaas laten vallen, die ligt nu in duizend stukjes op de grond – oeps.' Ik was zo nerveus, ik zag er echt tegen op, hoor, ik had lood in mijn schoenen. Ik woon in Amsterdam-Oost, hij in Amsterdam-West, ik fietste een langere route dan noodzakelijk.

Hij stond al te wachten – die grote gestalte paste eigenlijk niet in de deuropening van zijn huis. Hij maakte een getormenteerde indruk, en nog voor ik kon beginnen aan mijn stamelende verhaal hoe het toch allemaal zo was misgelopen, zei Wim: 'Ik heb me steeds zitten afvragen wat ik verkeerd heb gedaan dat dit jou is overkomen.'

Ik zei: 'Je bent de laatste die zich hier zorgen over moet maken', maar hij zei dat hij het gevoel had dat er al eerder een verwijdering was ontstaan tussen de PvdA en de kiezers. Hij vertelde over zijn twijfel toen hij met de VVD ging regeren in Paars I, dat hij daar nooit gerust op is geweest, dat daardoor wantrouwen was ontstaan. Ik zei: 'Nou, ik denk dat we toch echt zelf dingen niet goed hebben gedaan waar kiezers boos over zijn', maar hij plaatste het in de tijd: ik zat nu in een economische crisis, hij destijds in een werkgelegenheidscrisis – in de slipstream van 'werk' had hij veel moeten prijsgeven.

Hij zei: 'Nu mag je niet weglopen, nu moet je het ook weer opbouwen. Of je het leuk vindt of niet, die verantwoordelijkheid hebben we.' Hij sprak altijd over 'we' Daarna vertelde hij hoe hij in de WAO-crisis op het punt had gestaan te stoppen. Hij had tijdens Lubbers III maatregelen moeten nemen waar hij vreselijke buikpijn van had. Hij vertelde dat als hij naar de Albert Heijn ging, hij het gevoel had dat iedereen hem aankeek met de blik 'jij hebt het verpest'. Waarop Rita had gezegd: 'Dat is onzin, dat denken mensen helemaal niet.'

Dat waren dierbare woorden voor mij, want bij een publieke nederlaag zit schaamte, het gevoel 'iedereen zal dat nu wel aan me zien'. En het is heel empathisch dat zo'n groot man, zo'n voorbeeld, vertelt hoe je daarmee omgaat. Hij zei: 'Je moet weer beginnen je eigen verhaal te vertellen, met zelfvertrouwen, zodat mensen dat weer herkennen. Je zult bij het begin moeten beginnen, met de onderwerpen die voor onze partij het belangrijkst zijn, en daar de tijd voor moeten nemen.' In mijn vak is het belangrijk dat dat gezegd wordt. Elke dag wordt gekeken: wie doet het goed, wat zeggen de peilingen? Kok herinnerde me eraan de lange lijn te volgen. Dat gaf me energie en hoop.

Hij was toen al vijftien jaar de politiek uit. Je hebt mensen die hun opvolgers voor de voeten lopen, die zeggen: dit had ik anders aangepakt. De orakels. Dat heeft hij nooit gedaan. Maar hij was wel altijd beschikbaar om te helpen, en op dat moment was dat heel belangrijk voor me.

Ik heb zelf natuurlijk na 2017 de afweging gemaakt 'hoe ga ik mijn leven leiden? Hoe leid je het na zo'n nederlaag?' Die gesprekken met Kok hielpen daarbij: het leven gaat niet alleen over overwinning, het gaat ook over omgaan met tegenslagen. En dat is misschien ook een rol, om te laten zien: je krabbelt weer op, je doet waar je in gelooft en dat is dan je taak.

Op 28 augustus 2018 voerde ik het laatste gesprek met Wim Kok, twee maanden voor hij overleed. Wim had lang in het ziekenhuis gelegen, hij was net thuis. Normaal gesproken ontving hij je in een kantoortje in zijn tuin. Er stond een thermoskan, die hij 's ochtends vulde met koffie. Dan kreeg je zo'n lauw kopje koffie, en hij had een schaaltje koekjes waarvan je er één aangeboden kreeg. Nu zaten we buiten, het was warm. Rita was haar tentoonstelling aan het inpakken in Friesland, Wim zou met zijn kleinzoon Ajax kijken.

Ik dacht op bezoek te gaan om het over hém te hebben, maar het ging al snel over mijn ideeën voor het nieuwe jaar. 'Hoe gaat het met je voorbereiding voor de Algemene Beschouwingen?' vroeg hij. Het kabinet zou de dividendbelasting mogelijk afschaffen. Toen ik vertelde wat ik van plan was, zei hij: 'En wat ga je doen als ze die belasting niet afschaffen?' Dat vond ik een briljante vraag, want voor je het weet loop je als een clown ergens achteraan en als dat onderwerp van tafel gaat, zoals ten slotte gebeurde, moet je ook je verhaal hebben.

Wim had toen echt wel wat anders aan zijn hoofd. Dat hij zich toch verdiepte in mijn rol, typeerde hem. Die dienstbaarheid die hem door het bloed stroomde, hoort thuis in mijn ideaalbeeld van politiek. Ik heb de laatste twee jaar vaak aan hem gedacht, vooral bij de meer eenzame momenten. Politiek kent veel publieke momenten: wanneer alles goed gaat of juist niet, iedereen staat eromheen. Maar er zijn ook momenten, zoals bij de campagne voor de Statenverkiezingen vorig jaar, dat je denkt: ik reis van Zeeland naar Groningen via Maastricht, maar waar leidt het toe? Merken mensen er iets van? Dat zijn momenten waarop ik aan Wim denk. Hij zou zeggen: 'Uiteindelijk moet dat je vraag niet zijn, maar moet je je afvragen: is het verhaal dat ik nu vertel van betekenis voor de mensen voor wie wij het doen?' Niet steeds op zoek gaan naar instantsucces.

Er zijn maar weinig mensen die vanuit dat perspectief en die ervaring kunnen meedenken. Die gesprekken met hem ben ik kwijt, en dat is een groot gemis.

Lodewijk Asscher (1974) was tijdens dit interview fractievoorzitter van de PvdA. Hij was van 2012 tot 2017 vicepremier en minister van Sociale Zaken en Werkgelegenheid. Daarvoor was hij wethouder en waarnemend burgemeester in Amsterdam. Asscher is getrouwd en heeft drie kinderen.

Librije-eigenaren Thérèse en Jonnie Boer over de afspraak met de plaatselijke pastoor

Thérèse: 'Jonnie heeft me in 1994 's nachts, tijdens oud en nieuw, in Italië ten huwelijk gevraagd.'

Jonnie: 'Ze zei dus ja.'

Thérèse: 'Ik wilde graag voor de kerk trouwen. Ik ben gelovig opgevoed, en hij absoluut niet. Ik ben katholiek en hij is gewoon...'

Jonnie: 'Niks.'

Thérèse: 'Ik had de droom dat ik hier in Zwolle voor het altaar zou trouwen. Wij hebben hier een prachtige katholieke kerk. Je ziet zo'n Sissi-film voor je: dan kom jij daar door de kerk aanlopen met je mooie jurk met zo'n sleep. Dus Jonnie zegt: "Als jij dat wil, meisje, dan gaan we dat doen, dan gaan we een gesprek aan met de pastoor."'

Jonnie: 'Ik wist niet eens dat zo'n man zo heette. Maar dat maakt niet uit, als jij dat regelt, ga ik daarbij zitten, daar heb ik respect voor.'

Thérèse: 'Wij dus bij die pastoor op bezoek. Ik kan me dat gesprek als de dag van gister herinneren.'

Jonnie: 'Het was net een strafkamp, hoor.'

Thérèse: 'Het was een heel vervelend gesprek, vooral voor Jonnie.'

Jonnie: 'De man praatte niet eens met me. Hij besprak alles met Thérèse. Als ik iets zei, praatte hij er gewoon overheen.'

Thérèse: 'Omdat je ongelovig was. Ik had het eerst niet door, ik was nog helemaal onder de indruk van die pastoor, tot ik Jonnie stiller en stiller zag worden.'

Jonnie: 'Hij maakte met Thérèse de afspraak de kerk te gaan bekijken. Toen ik ook opstond, zei hij: "O, ga jij ook mee?"'

Thérèse: 'Ik zag Jonnie in de deuropening staan van die kerk, hij wilde gewoon niet eens meer naar binnen. Ik dacht: o, dit gaat helemaal niet goed. Na afloop zei ik tegen Jonnie: "Als het zo moet, ga ik niet voor de kerk trouwen." Maar het was wel een droom die in duigen viel.'

Jonnie: 'We reden naar Giethoorn om te overleggen met haar ouders. Thérèse zat te huilen. Ze was ook nog eens doodzenuwachtig dat ze thuis moest zeggen dat ze niet voor de kerk zou trouwen. Zegt haar moeder: maar meisje, dat moet je ook helemaal niet doen als die pastoor zo'n hork is!'

Thérèse: 'Ze hebben zelf ook zoiets meegemaakt. Mijn vader is katholiek, mijn moeder gereformeerd. Ze mochten eigenlijk niet met elkaar omgaan. Mijn moeder zei: "Ik weet een veel leuker iemand voor jullie."'

Jonnie: 'En zo ontmoetten we pastor Wil, een hippie. Hij komt naar De Librije, het eerste wat hij zegt is: "Werk jij ook met wild?" Ik zeg: "Natuurlijk, ik heb een restaurant." Zegt-ie: "Ga ik hazen voor je schieten." Komt-ie twee weken later met twee hazen aan, met de windbuks geschoten. Zo'n man is dat. Hij heeft wel drie of vier gesprekken met ons gevoerd.'

Thérèse: 'Hij vroeg: "Wat zouden jullie fijn vinden om mee te nemen in jullie ceremonie?" Onze gedeelde liefde is de natuur. Ik kwam vanuit de stad op mijn veertiende in Giethoorn wonen, en heb daar Jonnie leren kennen toen ik zestien was. Jonnie heeft me vanaf het begin af aan meegenomen de natuur in.

Het was nieuw voor mij, maar ik vond het meteen fantastisch. We zijn uiteindelijk getrouwd op een schiereiland in een meer in Giethoorn.'

Jonnie: 'Pastor Wil kwam met de voorstellen om met pijl-en-boog te schieten, een fakkel aan te steken, witte duiven op te laten. Aan het eind keiharde muziek: Vangelis. Ik vroeg aan hem of ik met pijl-en-boog die duiven neer mocht schieten, maar dat mocht niet. We zijn daar met punters naartoe gevaren, een traditie in Giethoorn. Het waaide hard, de wolken vlogen heen en weer. Daar hield Wil de dienst. We hadden zestig, zeventig man. Zeker de helft van de gasten had tranen in de ogen, ook het ongelovige deel.'

Thérèse: 'Als die pastoor niet zo vervelend tegen Jonnie was geweest, had het best zo kunnen zijn dat we wél in de kerk waren getrouwd, maar dan was het nooit zo mooi geworden als wat we hebben gehad door Wil. Uiteindelijk hadden we een trouwerij en een ceremonie die echt bij ons pasten.'

Jonnie: 'Door de gesprekken met Wil heb jij het geloof toch een beetje bij je kunnen houden.'

Thérèse: 'Het is zelfs zo dat hij uiteindelijk allebei de kinderen gedoopt heeft.'

Jonnie: 'Thérèse vond dat belangrijk, maar ik wilde dat echt niet in de kerk doen, ik dacht: dan krijg ik weer met die man te maken! We vroegen aan Wil: hoe kunnen we dat doen? Wil zei: "Het kan ook in een café." Ik zei: "Laten we dat doen, dan past het ook nog een beetje bij mij." Jimmie is toen in een café gedoopt en Isabelle in De Librije.'

Thérèse: 'De kindjes in een doopjurk die mijn moeder had gemaakt van de bekleding van mijn wieg, dat is een traditie bij ons. Wil heeft ze eerst gezegend en toen gedoopt. Jimmie met bier, Isabelle met champagne.'

Jonnie: 'Dat gesprek met die eerste kerel staat symbool voor ons huwelijk: ik had niks met de kerk, maar ging daar met respect naartoe, voor Thérèse. Thérèse dacht: als het zo moet, gaan we het dus niet doen. Het laat zien dat we verschillen willen overbruggen. Als het erop aankomt, kiezen wij voor elkaar.'

Jonnie Boer (1965) en Thérèse Boer (1971) zijn eigenaar van restaurant De Librije en Librije's Hotel, in Zwolle. Jonnie is kok, Thérèse vinoloog. De Librije is een van de twee Nederlandse restaurants met drie Michelinsterren. Ook staan ze op de lijst The World's 50 Best Restaurants. Samen hebben ze twee kinderen, Jimmie en Isabelle.

Directievoorzitter Chantal Vergouw over de gesprekken met haar opa's

De gesprekken met mijn beide opa's zijn in mijn ziel gekerfd. Waar veel kinderen door de gesprekken thuis dagelijks druppelsgewijs levenslessen meekrijgen, moest ik het hebben van andere momenten. De context waarin ik opgroeide wisselde. Daardoor pikte ik uit het praten met anderen bruikbare dingen mee, en die waren er vooral in de gesprekken met mijn opa's.

In 1984, toen ik acht jaar oud was, werd mijn moeder ziek, ze kon niet langer voor me zorgen. Ook mijn vader kon geen opvoedkundige taken op zich nemen. Daarom werd ik in huis genomen door mijn opa Henk en zijn tweede vrouw, Gerda. Zij runden met z'n tweeën een klein familiehotel in Hilversum. Hotel Jansen had elf kamers; er waren veel vaste gasten die daar soms maanden verbleven en een soort familie werden.

Voor mij betekende het zeven dagen per week meehelpen. We begonnen om zeven uur 's ochtends, en om twaalf uur 's avonds sloot de bar. Dat was het ritme, zeven dagen in de week.

De bar was het kloppend hart van het hotel, en als het rustig was, ging mijn opa daar schoonmaken: glazen poetsen en de voorraad frisdrank aanvullen. Ik zat op een kruk aan de bar en dan praatten we. Hij prentte me lessen in over ondernemerschap: 'Het is eenvoudig,' zei hij, 'de gasten staan centraal. Het mag ze aan niks ontbreken, verplaats je daarom altijd in hen. Let op de kleine dingen, alles moet kloppen, je bent zo goed als je laatste tosti.' Ook leerde hij me: 'Je hebt met iedereen iets gemeenschappelijks. Of je nu allebei van uiensoep houdt of graag op vakantie gaat naar Spanje, soms moet je even zoeken. Als je dat hebt gevonden, geeft dat jou een prettig gevoel maar die ander ook. En dan gunt hij je ook zijn loyaliteit.'

Die woorden landden in een kind dat het graag goed wilde doen. Ik kon niet meer terug naar mijn moeder en wilde heel graag bij mijn opa en Gerda blijven wonen. Daar deed ik veel voor. Dus ging ik vaak 's middags achter de strijkmachine zitten in plaats van met mijn vriendinnen ravotten. Ik wist ook wel dat als wij een goede week hadden gedraaid, ik in het weekend met Gerda een *Suske en Wiske* kon kopen op de markt.

Was voor mijn opa Henk oog hebben voor anderen een businessfilosofie, voor opa Willem kwam het voort uit diepe gelovigheid. Toen ik dertien was, kreeg opa Henk terminale kanker. Gerda en ik verzorgden hem een aantal jaren. Na zijn dood kwam ik op eigen benen te staan. Ik ging rechten studeren in Amsterdam, de stad waar mijn Indonesische vader was opgegroeid. Hij was geadopteerd door twee heel lieve mensen: opa Willem en oma Leny.

Opa Willem, jurist bij Natuurmonumenten, was een contemplatieve, diepgelovige man; spaarzaam ook, alles moest met mate. Op zondag dronken opa en oma 'een glaasje', en daar kregen we dan welgeteld vijf wokkels bij. Opa Willem was ook bryoloog, mossendeskundige. In mijn vroege jeugd maakte ik eindeloze wandelingen met hem in de natuur, dan mocht ik de mossen lospeuteren van de bomen en gingen we die samen onder de microscoop determineren.

Toen hij ziek werd, was mijn oma inmiddels overleden. Ik was tweeëntwintig en besloot bij hem in te trekken om hem te verzorgen. Zo kwam ik met hem in een bijzondere intimiteit terecht. Iedere nacht zat ik met hem aan tafel, omdat hij niet kon slapen. Daar hadden we intense gesprekken over het leven. Hij prentte me in: 'Doe het juiste, doe het goede zonder er iets voor terug te vragen. En weet dat de beloning voor het goede doen zich in welke gedaante dan ook gaat manifesteren. Wie goed doet, goed ontmoet.' Ook droeg hij me op me vroegtijdig intellectueel te ontplooien. Daar had hij zelf pas later in het leven de kans toe gekregen.

Dit is de grond waarin ik wortel: de woorden van deze mensen, vanuit een totaal ander wereldbeeld. Tijdens mijn studie, in mijn werk, in mijn persoonlijke leven hebben deze woorden me gestuurd: door hard werken boek je resultaat, perfecte dienstverlening moet centraal staan. Ik heb erdoor geleerd langdurig af te zien. En ik ben ook altijd als vrijwilliger actief geweest. Als rechtenstudent gaf ik in de Bijlmerbajes gedetineerden juridisch advies, ik werkte als vrijwilliger voor natuurbehoud in Indonesië en ik richtte mede een stichting op ter bescherming van katachtigen in Afrika. Nu begeleid ik al acht jaar mensen met een prostitutie- of psychiatrische achtergrond. Op het verkeerde moment kun je net de verkeerde afslag hebben genomen, maar je kunt met een duwtje van iemand die wat meer geluk heeft gehad dan jij weer op het goede pad komen. Met een klein zetje heb je soms zo weer de wind mee.

De gesprekken met mijn opa's hebben me ook instrumenten in handen gegeven om mijn dromen waar te maken. Als kind droomde ik al van een groot leven. Ik droomde dat ik de baas werd van het Marriott – een groots hotel waar ik tegen opkeek: zoveel kamers, zoveel mensen, zo'n naam. Dat mijn opa dan trots zou zijn. Mijn pad leidde van de dienstverlening in de horeca naar het leiden van een bedrijf.

Nu draag ik die lessen over op mijn kinderen van vijf en zeven. Ik leer ze: vrienden maken begint met een vraag stellen aan de ander, met belangstelling hebben voor het vriendje dat komt spelen. Mijn zoontje heeft als er iemand komt spelen de neiging al het speelgoed bij zichzelf neer te leggen. Ik leg hem uit: 'Als je het leuk vindt dat je vriendje langskomt, is het belangrijk dat je hem een goede tijd geeft, want dan heb je meer kans dat hij volgende keer weer komt. Dat doe je door hem te vragen wat hij leuk vindt om te doen, waar hij blij van wordt.'

Dat is het bijzondere aan families: dat je een ketting van kennis opzet door de gesprekken die je samen voert.

Chantal Vergouw (1976) is directievoorzitter van Interpolis. Ze is lid van de raad van commissarissen van de Turkse verzekeraar Eureko Sigorta in Istanboel, 'maatje' voor De Tussenvoorziening, in Utrecht, en bestuurslid van KoBra, in Tilburg. Ook is ze verbonden aan NL2025, voor een betere toekomst van Nederland. Vergouw woont in Utrecht met partner Robin en zoons Birk en Stach.

Kunstenaar Marc Mulders over de geruststelling van een museumdirecteur

Ik maakte eind jaren tachtig kennis met Edy de Wilde. Hij was tweeëntwintig jaar directeur van het Stedelijk Museum in Amsterdam geweest, en was nu bestuurslid van museum De Pont in Tilburg, waar ik een gastatelier had. Ik herinner me zijn binnenkomst, altijd in pak, een éminence grise. Meestal stapte hij midden in een wildplateau, want ik was destijds dode fazanten, hazen, patrijzen en everzwijnen aan het schilderen. Dat wild kon ik heel simpel bij de poelier halen, Versteeg's Wildpaleis, nog geen honderd meter verderop – ik liep daar met mijn kruiwagen naartoe en kwam terug met een ree.

Die dode dieren in mijn atelier: het ging mij niet om het morbide karakter, maar om het feit dat iets wilds nu stil hing, om het stille moment: de ene seconde in leven, de andere seconde niet. Dat vliedende leven fascineerde me ook in de stervende bloemen die ik in de zomer schilderde. Die kwamen met emmers vol uit Aalsmeer.

Ik was geobsedeerd door de wonderlijkheid van het wegtrekkende leven, maar tegelijkertijd verlangde ik ernaar weg te komen van dat vanitasmotief, weg van de christelijke symboliek van de wond, dat concept dat alles fragiel is. Ik wilde naar het feest, naar het ochtendlicht, naar het avondlicht, naar het geheim van het zachte licht, maar ik wist niet hoe.

Daar gingen de gesprekken met Edy de Wilde over: over de verfstreek als medium van het licht. Ik zei: 'Edy, dat zinderende licht van kunstenaars als Georg Baselitz, Helen Frankenthaler en Willem de Kooning: daar wil ik ook naartoe.' En dan zei hij: 'Heb geduld, Marc, je staat in een traditie. Je komt van de materie en je wilt naar het licht; dat hebben heel veel schilders voor jou gedaan.'

Hij vertelde over Willem de Kooning, die hij had opgezocht in New York. De Kooning schilderde vrouwenseries. De series Woman I en Woman II uit de jaren vijftig waren heftig, een gevecht. Die strijd was in de latere serie Women Singing II, uit de jaren zestig, helemaal weg, toen werd het eerder een aanraking, een streling. De Kooning had New York toen inmiddels verlaten, en was verhuisd naar Long Island. Daar in die natuur zie je een andere sensualiteit ontstaan, met een veel zachter licht. De Wilde zei: 'Dat ligt ook in de lijn van jouw ontwikkeling.'

Ik had zijn ondersteuning nodig. Ik was al wel een speler, ik verkocht toen al goed, ik heb nooit te klagen gehad over aandacht, maar ik stond er alleen voor. Ik voelde me verbannen uit het publieke artistieke domein. De jaren negentig waren de jaren van het postmodernisme; kunst als concept, kunst moest choqueren, wakker schudden. Het was de tijd van de Chapman Brothers, van Jeff Koons. En dan komt er eentje uit Tilburg die onbeschroomd christelijke thema's ter hand neemt: de piëta, de apocalyps, de schepping. Dat was tot de jaren zestig nog normaal, maar werd daarna ongewoon. Mijn geuzenbegrippen 'religie', 'traditie' en 'ambacht' waren not done. Ik werd door de intellectuelen in de kunstwereld een retrokatholiek genoemd, de ayatollah van het zuiden.

De Wilde kwam me een hart onder de riem steken. Hij kende die christelijke taal nog. Hij was katholiek van huis uit. Ook Matisse en Picasso hebben christelijke thema's ter hand genomen, vertelde hij. Zelfs Jan Schoonhoven, toch een modernist bij uitstek, gaf religieuze titels aan zijn reliëfs.

De Wilde zag ook het patroon dat je als jonge, activistische schilder in een te nauwe cirkel opereert, vanuit een eigendunksituatie: ik wil bijdragen aan een betere wereld. En dat kon hij af en toe verwoorden: 'Let op de begrenzing die je zelf hebt aangelegd om als geëngageerd kunstenaar met die misère te willen dealen. Als je in dat donkere realisme gaat hangen, dreigt het gevaar dat de klank die je juist goed bedoelt heel donker wordt. Dan worden niet alleen de doeken donker, maar ook wat je ermee wilt zeggen.' De Wilde zei mij daarmee dat je als schilder niet moet blijven hangen in het napenselen van het leed en het onrecht, je moet de ontroering van het leven in kaart brengen – dat is wat de musicus en de dichter ook doen. En daar besloot ik toe: om niet het leed, maar de schoonheid te brengen. Ik vind het nogal wat als mensen met een werk van mij hun leven willen delen. Ik wil genereus zijn, cadeautjes uitdelen.

Het is gegaan zoals De Wilde voorspelde. Toen ik twaalf jaar geleden verhuisde naar landgoed Baest, raakten de bloem en het wild op de achtergrond, en werden ze deel van een geabstraheerd landschap. Ik schilder hier in Baest in de stal van de boerderij of in het buitenatelier, een met veld- en wilde bloemen ingezaaide akker tegen de boerderij aan.

Uiteindelijk is het platteland synoniem met ondergedompeld worden in het licht. Niet het harde licht van de zomerse dag in augustus waarmee de stadsschilder het moet doen, nee, het ochtendgloren en het avondgloren, het mystieke licht van de dauw en het spiritueel mystieke licht van de ondergaande zon. Juist bij ochtendgloren en zonsondergang ga ik aan het werk, in de nevel, de mist en de schemer; dat geeft een prachtig diffuus licht.

Die abstracte ruimte, die ik tussen de bloemakkers en de bosrand zie, dat is wat Edy de Wilde bedoelde met het zachte licht, dat is waar allerlei schilders die hij kende uiteindelijk zijn aanbeland. Hij zei: 'Geen zorgen, Marc, het komt goed.' Ik heb hem niet kunnen vertellen dat hij gelijk heeft gekregen.

Marc Mulders (1958) geldt als een van de succesvolste kunstenaars van Nederland. Negentien musea bezitten werk van hem, hij had solotentoonstellingen in het Stedelijk, De Pont, de Hallen Amsterdam, de Lakenhal en het Van Abbe Museum. Onlangs verscheen zijn monografie *Marc Mulders. Werken 1980-2020*. Hij is getrouwd met Trudy Sas en woont in Oostelbeers, Noord-Brabant.

Politicus Sigrid Kaag over raad vragen aan de moeder van een vriend

In 1985 deed ik een bachelor Midden-Oostenstudies aan de Amerikaanse Universiteit in Caïro. Ik was drieëntwintig, stond op het punt af te studeren, en moest beslissen wat ik daarna wilde gaan doen. Ik had me per post ingeschreven bij de Universiteit van Oxford, de London School of Oriental Studies, de London School of Economics en de Universiteit van Exeter. Die hadden allemaal belangrijke faculteiten op het gebied van internationale betrekkingen of Midden-Oostenstudies. De Universiteit van Beiroet viel af, vanwege de burgeroorlog in Libanon.

Ik was al aangenomen bij Oxford en Cambridge, maar ik was ontzettend aan het twijfelen. Ik dacht heel ouderwets: misschien zijn Oxford en Cambridge wel te hoog gegrepen voor mij, die mensen zijn natuurlijk superstreng, kan ik dat wel? Ik was eigenlijk heel happy in Caïro, ik kon daar natuurlijk ook blijven, hoewel het qua loopbaan slimmer was een master te doen bij een internationale topuniversiteit.

Ik wist niet goed met wie ik dat moest bespreken. Ik kwam uit een Nederland waar destijds weinig studenten de grens over gingen om een studie te doen. Ik kwam ook niet uit een familie waarin dat gebruikelijk was; mijn vader was musicus, mijn moeder kwam uit het onderwijs. Dus er was geen breed netwerk waarin je eens informeert: 'Goh, hoe heeft nicht Agaath dit gedaan?' Ik was zomaar op mijn negentiende naar Caïro vertrokken omdat me dat een leuke studie leek.

Dit zijn je vormende jaren, wanneer je nog advies zoekt, dat je op een andere manier weegt dan je nu zou doen. Mijn ouders hebben me altijd gestimuleerd, maar ik had toch nog iemand nodig die zei: 'Probeer het gewoon.'

Een van mijn goede vrienden had een moeder die naar Harvard was geweest. Mona Makram-Ebeid was toen al een prominente Egyptische. Ze kwam uit een bekende koptische familie, was parlementariër, en had in het Egypte van Mubarak de Wafdpartij heropgericht. Ik dacht: weet je wat, ik ga haar vragen wat ze ervan vindt.

Ze woonde niet ver van waar ik een kamer huurde, in een wijk die Zamalek heette, een eiland midden in de Nijl, vlak bij de Nederlandse ambassade. Het was een prachtige voorjaarsochtend, de ochtenden zijn altijd zo mooi in dit soort landen. Lekker warm, je kunt al zomerkleren aan. Op de achtergrond getoeter: mensen uit de armere wijken op weg naar hun werk.

Ik denk dat ze me wilde aanmoedigen, maar het leek eerder een ontmoediging. Want ja, nee, Oxford was best lastig, zei ze, en ja, god, Cambridge, dat kon ook moeilijk worden, en de Universiteit van Exeter was toch ook goed?

Ik keerde een beetje verward naar huis. Ik dacht: wat is nou de strekking van deze woorden: dat ik het niet kan? Dat het te moeilijk is? Maar ik stond op het punt om cum laude af te studeren, dus daar lag het niet aan. Ik was al aangenomen hè, ik had de brieven al binnen, ik hoefde alleen maar te kiezen. Het was ook niet het gebrek aan middelen: ik zou een beurs krijgen op basis van mijn cijfers.

Dit gesprek, dat met goede bedoelingen werd gevoerd, laat zien dat vrouwen die elkaar proberen te steunen, soms elkaars twijfels kunnen versterken, waardoor ze dus nooit door een glazen plafond breken. Later heb ik vaker meegemaakt dat juist als vrouwen zelf wegbereiders zijn, ze soms voorzichtig willen zijn in hun advies. Ze willen je beschermen omdat ze zelf zoveel obstakels hebben ondervonden. Maar met die bescherming kunnen ze je onbedoeld ontmoedigen, waardoor je een veiliger pad kiest. Zo zetten we elkaar op de rem. Het mooie was: haar zoon ging het jaar daarop naar Oxford.

Door dit gesprek werd ik teruggeworpen op mezelf. Nu moest ik iets in mezelf aanspreken wat ik tot die tijd een beetje had vermeden door het advies vooral bij anderen te zoeken. Een paar dagen later dacht ik: als ik Oxford laat lopen, ben ik dom bezig. Zij hadden op het gebied van mijn studie de beste faculteit. Je had daar een paar professoren die iconen waren op hun vakgebied. God zegene de greep.

Dat was een goede beslissing. Ik heb daar veel contacten gelegd, mocht even meeschrijven aan de rapporten van The Economist Intelligence Unit, ben zo in mijn eerste baan bij Shell beland en ging door naar het klasje van Buitenlandse Zaken. De tijd in Caïro en Oxford is een belangrijke basis voor de rest van mijn leven geweest, maar dat wist ik toen natuurlijk nog niet.

Het gesprek met Makram-Ebeid heeft me gesterkt in de gedachte: ik moet altijd op een goede manier proberen juist ook vrouwen en meisjes aan te moedigen om iets te durven. Ik wil tegen ze zeggen: kijk niet naar de tien dingen die je niet kunt, want dat doet een man ook nooit, maar kijk naar de vijf dingen die je wél meebrengt. Vrouwen willen altijd alle risico's vijftig keer in kaart brengen, en doen zich daarmee vaak tekort.

De veiligste weg is niet altijd de betere weg. Ik moedig anderen liever aan risico's te nemen op basis van papieren en vaardigheden, om het te proberen en dan misschien wel te zeggen: nou, dat was toch niet helemaal succesvol.

Ik denk ook aan dit gesprek doordat ik lang heb nagedacht of ik me kandidaat wilde stellen voor het partijleiderschap van D66. Het was eigenlijk hetzelfde innerlijke proces als destijds: twintig redenen bedenken waarom ik iets niet zou moeten, of willen, en dan uiteindelijk toch bij mezelf te rade gaan, en beslissen: ik doe het wel, en om deze redenen.

Ook op deze positie zie ik dat vrouwen en mannen door een iets andere lens bekeken worden. Er is nog wel wat te winnen in het gelijkwaardig waarderen van kennis, kunde en ervaring. En vrouwen doen daar vaak onbedoeld aan mee.

Sigrid Kaag (1961) was ten tijde van dit interview minister voor Buitenlandse Handel en Ontwikkelingssamenwerking. Eerder was ze ondersecretaris-generaal bij de Verenigde Naties en stuurde ze de ontwapeningsmissie aan die leidde tot de vernietiging van chemische wapens in Syrië. Ze is lijsttrekker van D66. Kaag is getrouwd en heeft vier kinderen.

Zakenman Kalo Bagijn over op audiëntie gaan bij John Fentener van Vlissingen

In 2000 begonnen mijn zakenpartner, Thierry Schaap, en ik de onlinebeleggingsbank BinckBank. Het werd al snel een groot succes. We gingen van nul naar honderdduizenden klanten, de aandelenkoers van Binck was jarenlang de hoogste stijger op de beurs, we stonden in the picture, iedereen zei hoe goed we waren. En aandeelhouders en commissarissen deden er alles aan om ons te behouden.

Op een ochtend in 2007 reden Thierry en ik naar de heer John Fentener van Vlissingen, die met zijn investeringsmaatschappij een van de serieuze aandeelhouders van ons bedrijf was. We spraken hem zo'n twee keer per jaar. Een mooi, statig, groot kantoorpand ergens in de bossen, een klassieke kantoorinrichting. We waren natuurlijk enigszins onder de indruk, want je zit wel aan tafel met een van de meest succesvolle ondernemers van Nederland.

We kwamen onze strategie uit de doeken doen. Na een tijdje knikte hij en zei: 'Jullie hebben het heel goed gedaan. Het businessmodel staat als een huis. We kunnen dit probleemloos in andere landen gaan uitrollen. Het grote risico zit nu bij jullie: jullie zijn te veel ondernemers. Deze fase van Binck vereist geen ondernemer, maar een manager, die het plan verder uitrolt. Ondernemers zijn snel verveeld en gaan dan allerlei dingen erbij doen. Het lijkt me daarom beter dat jullie vertrekken.'

Thierry en ik keken elkaar flabbergasted aan. Weggaan was nooit bij ons opgekomen; we waren op het hoogtepunt van ons succes! Wij die trap weer af, het pand uit. Bij de auto stonden we nog even na te praten. Toen drong het langzaam door dat Fentener van Vlissingen eigenlijk wel een punt had. BinckBank was *here to stay*, er werkten zo'n achthonderd man. Ik besefte op dat moment dat ik best zin had om weer from scratch iets te beginnen. In januari 2009 richtten we pensioenbank Brand New Day op en stonden we weer bureautjes van Ikea in elkaar te schroeven.

Het kostte niet zoveel moeite om die knoop door te hakken. Er zijn beslissingen in mijn leven geweest die ik lastiger vond. Of ik met mijn studie moest stoppen, bijvoorbeeld. Toen ik commerciële economie studeerde, twijfelde ik vaak of ik daar nou gelukkig van zou worden. Maar ja, als iedereen om je heen het doet, is het echt niet gemakkelijk om afstand te nemen.

In het tweede jaar kreeg ik een 1 voor een tentamen statistiek terwijl ik dacht dat ik een voldoende had. Toen dacht ik: tja, als je denkt dat je het snapt en je hebt een 1, dan is het misschien beter om te stoppen. En om niet gewoon maar in de mallemolen mee te blijven draaien omdat het van je verwacht wordt, omdat anderen het ook doen.

Die durf heeft ook weleens nadelig uitgepakt. Toen ik als veertienjarige in 2 vwo in de gaten kreeg dat de proefwerken gewoon in de boeken voor de docenten stonden, heb ik bij de uitgever een paar van die docentenboeken besteld en de kopieën tegen betaling aan mijn medeleerlingen aangeboden. Als je proefwerken onder 1500 leerlingen verspreidt, is de kans dat je gepakt wordt honderd procent. Het gevolg was dat ik van school af moest. Ik kon het risico toen nog niet overzien.

Nadat ik met mijn studie was gestopt, ging ik werken bij een effectenkantoor, waar ik Thierry ontmoette. Wij vonden dat daar dingen beter konden. Dat hebben we ook besproken met de eigenaren, maar die deelden onze visie niet. Dat was de aanleiding om ons af te vragen: gaan we ons conformeren of voor onszelf beginnen? Toen zijn we BinckBank begonnen. Ook dat was spannend: onze werkgever, IMG Holland, was een succesvol bedrijf. Wij verdienden een serieus salaris, kregen mooie bonussen en ik had het naar mijn zin.

Ook met BinckBank gaven we een comfortabele situatie op om wat nieuws te gaan doen. Het grote verschil was wel dat ik er nu niet direct meer financieel afhankelijk van was. Dat geeft natuurlijk wel rust.

Ik vind die eerste fase de mooiste en uitdagendste van het ondernemerschap. De grootste stap is altijd om te starten, om het ook echt te gaan doen. Daarna moet je alles nog zelf doen: er is nog geen hr-manager, geen marketingmanager, geen jurist, geen politiek. Zodra een bedrijf deel uitmaakt van de gevestigde orde, begin ik spanning en interesse te verliezen. De mooiste bloemen groeien toch op de rand van het ravijn.

Vanaf zo'n vijftig man personeel komt er management bij. Dat heb je nodig om een volgende stap te kunnen zetten, maar dan gaan de mensen van het eerste uur vaak roepen: vroeger was het allemaal beter. Die gaan dan weg omdat de cultuur verandert.

Brand New Day bestaat nu tien jaar. We hebben 250 man in dienst, beheren 4,5 miljard euro aan spaar- en beleggingsgeld van zo'n 330.000 klanten. Mijn werk hier is voorlopig nog niet klaar, maar mocht het zover zijn, dan ga ik vast weer wat anders doen.

Ik ben bovendien bezig met een nieuw initiatief, waarbij consumenten hun leningen goedkoper kunnen herfinancieren. Als je geld leent, betaal je vaak acht tot tien procent, met mijn nieuwe bedrijf gaan we die leningen voor een veel lagere rente aanbieden, zodat ze sneller af te lossen zijn.

Dat gesprek met Fentener van Vlissingen heeft me geleerd om kritisch te blijven bekijken of je zelf de juiste man op de juiste plek bent. Maar het heeft me ook leren relativeren en dat vind ik nog wel het allerplezierigst, want we waren misschien wel een beetje te overtuigd van onszelf geworden. Als ik mensen hoor die hoog van de toren blazen over hoe succesvol ze zijn, denk ik: je neemt jezelf nu iets te serieus. Als je succes van een afstandje bekijkt, zie je dat het wordt bepaald door geluk. Ja, je moet wel wat kunnen en willen doorzetten, maar de rest is geluk.

Daarnaast heeft dat gesprek me erop geattendeerd om me te blijven afvragen: wat wil ik zelf eigenlijk? Dat is geen voor de hand liggende vraag als het heel goed met je gaat, maar je moet hem toch blijven stellen.

Kalo Bagijn (1971) is oprichter van BinckBank en van pensioenbank Brand New Day. Ook is Bagijn investeerder in bedrijven die nog in de beginfase van hun ontwikkeling verkeren en bestuurder bij stichting Waste for Life. Bagijn is getrouwd met Hinke en heeft drie kinderen.

Kim Putters, directeur Sociaal en Cultureel Planbureau, over een uitgesteld gesprek met zijn moeder

Als je lhbt bent, zul je dat ergens in je leven moeten uitspreken, terwijl heteroseksuelen dat niet hoeven doen. Dat blijft toch wel een dingetje voor jezelf en je omgeving. Ik heb er best lang over gedaan om het mijn ouders te vertellen. Ik was drieëntwintig. Dat komt ook doordat ik van mijn achttiende tot mijn eenentwintigste een relatie met een meisje had. Ook dat was oprecht, ook die periode was mooi. Ik ben ook niet bij haar weggegaan omdat er een jongen was, helemaal niet. Maar toen ik twee jaar later iets met een jongen kreeg, dacht ik wel: o, wacht effe. Je ontkent het een tijdje, je gaat het uit de weg.

Op een gegeven moment dacht ik: ik ben er nu wel uit en de belangrijkste mensen in mijn omgeving moeten dat toch weten. Dan begin je bij je ouders, maar dat lukte me steeds niet. Op zondag ging ik vaak bij ze eten, en steeds dacht ik: vanavond ga ik het vertellen. En dan zit je daar op de bank en kun je er maar niet over beginnen. Tot ik een keer van zondag op maandag zo slecht sliep, dat ik dacht: Kim, dit is echt idioot. Toen ben ik op maandagochtend vroeg om halfzeven in mijn spijkerbroek geschoten, en ben ik naar ze toe gegaan. Het was het begin van de herfst, ik herinner me een licht zonnetje, bladeren op de grond.

Mijn ouders woonden niet zo ver van me vandaan. Ik ben opgegroeid in Hardinxveld-Giessendam, een gemeente met veel streng gereformeerden. Ons gezin hoorde niet tot het streng christelijke deel: mijn vader is Nederlands-hervormd, mijn moeder was rooms-katholiek, ze kwam van onder de rivieren.

Mijn vader was al naar zijn werk, maar mijn moeder was nog thuis. Ze stond in haar ochtendjas aan de deur. Toen kon ik niet meer terug hè, ik kon niet meer zeggen: 'Ik kwam toevallig even langs om te vragen hoe het met je gaat om kwart voor zeven 's ochtends.' Ik zei: 'Ik kom je iets vertellen.'

'Ga maar even zitten,' zei ze. Het gekke is, dan zit je daar en denk je dus opnieuw: wat zeg ik nou eigenlijk als ik zeg 'Ik ben homoseksueel'. Dat voelt toch niet helemaal als een woord dat past bij jouw persoonlijke relaties. Ik dacht: ik leg maar gewoon uit wat het voor mij betekent. Ik zei: 'Mam, ik houd toch meer van jongens dan van meisjes.'

Mijn moeder reageerde heel emotioneel, in de positieve zin. Ze omarmde me, en begon te huilen, ze zei: 'Dat hadden we natuurlijk ook wel verwacht.' En: 'Ik ben ontzettend blij voor je.'

Ik zie ons nog op die bank zitten. Als je zoiets gaat vertellen, stel je je eigenlijk op het ergste in, ik denk dat iedere jongere die hiermee bezig is dat doet. In je hoofd ga je van het slechtste uit: mijn vrienden willen me niet meer zien, mijn ouders nemen afstand van me. Ook in Nederland voel je nog die maatschappelijke druk.

Dus ik stelde mijn moeder de vraag: 'Vind je het niet erg dan?' De vraag die ze toen voor mij had is de beste die me ooit is gesteld: 'Natuurlijk niet,' zei ze. 'Maar wat had je dan van je ouders verwacht?'

Vooral mijn moeder had erop gehamerd dat ik mijn eigen keuzes zou maken. Toen ik naar de universiteit wilde, wisten ze niet wat dat was. Ik kom uit een arbeidersfamilie: mijn vader werkte na een leven als schipper in de bouw. Het was logischer geweest dat ik meteen was gaan werken in plaats van studeren, daar heb ik met mijn vader best woorden over gehad.

Ik wist niet wat ik moest zeggen. Ik viel totaal stil, ik keek haar aan en het enige wat ik kon bedenken was: ja, blijkbaar had ik verwacht dat jij boos zou zijn. En uit alles wat hier gebeurt blijkt het tegendeel. Dat was een belangrijk inzicht voor me, dat je je van alles kunt inbeelden over die ander zonder het te vragen, waardoor dingen negatiever kunnen lijken dan ze zijn.

Ik kon alleen maar met mijn ogen praten. Ik heb mijn moeder heel lang vastgehouden, en heb zitten huilen en lachen. Toen ik wegging, zei ik: 'Ik kom vanavond terug, want ik wil het ook aan papa vertellen.' Mijn vader stond met open armen in de deuropening op me te wachten, mijn moeder had het hem natuurlijk allang verteld. Hij omhelsde me en zei: 'Nou jongen, we zijn zo blij voor je.'

Je moet je indenken: mijn vader heeft gewoon op de bouwplaats in een keet waar allemaal blote vrouwen aan de muur hangen aan zijn collega's zitten vertellen dat zijn oudste zoon homo was.

Ik had wel een paar vrienden die het een plek moesten geven, maar dat had niets te maken met de homoseksualiteit, maar met het feit dat ik ze niet eerder in vertrouwen had genomen. Mede om dit soort redenen is uit de kast komen ingewikkelder dan alleen maar over die seksualiteit vertellen. Je komt van de ene in de andere ingewikkelde sociale afweging en daarin kun je aardig verstrikt raken. Ik was al ouder, ik was net met mijn proefschrift bezig toen, maar je snapt dat jonge mensen met minder levenservaring daar problemen door krijgen. We zien in onze cijfers dat met name jonge mensen die lhbt zijn grote psychische problemen kunnen hebben. In mijn eigen dorp pleegde onlangs een meisje dat zich als biseksueel had geuit zelfmoord vanwege jarenlange pesterijen. Er werd een stille tocht gehouden. Ik stond ook aan de route. Het raakt me enorm.

De acceptatie van homoseksualiteit toont in Nederland een stijgende lijn. In de media krijg je de negatieve incidenten mee, maar vergeet niet dat tegenover elk negatief voorval tien positieve kunnen staan, zoals ik er ook eentje was.

Er zal altijd een groep mensen zijn die het afkeurt, die was er veertig jaar geleden, en zal er over veertig jaar nog steeds wel zijn. Die groep is op zichzelf niet veranderd, de samenleving wel. Je ziet dat mensen sneller en massaler in opstand komen als een intolerante minderheid van zich laat spreken.

Ik woon nog steeds in Hardinxveld-Giessendam. Je kunt denken: hoe houd je het vol in zo'n gemeente, maar ik voel me geaccepteerd hier. Het is mijn thuis. Juist doordat ik hier opgroeide heb ik met tegenstellingen leren omgaan.

Kim Putters (1973) is sinds 2013 directeur van het Sociaal en Cultureel Planbureau (SCP). Hij is onder meer hoogleraar beleid en sturing van de zorg aan de Erasmus Universiteit Rotterdam, kroonlid van de Sociaal-Economische Raad, bestuurslid van het Nationaal Comité 4 en 5 mei en vicevoorzitter van het Oranje Fonds. *De Volkskrant* riep hem in 2019 uit tot invloedrijkste Nederlander. Putters heeft een relatie met Marhijn Visser.

Marius Touwen, oprichter Zorg van de Zaak, kreeg een preek van een arts

Ik was zeventien en woonde op kamers in Zwolle toen ik in het plaatselijke ziekenhuis een bestralingskuur moest ondergaan. Door een aandoening die wildgroei van kraakbeen en bot veroorzaakte, had ik een deel van mijn tienerjaren in bed moeten herstellen van operaties. Ik had met moeite in Leeuwarden drie jaar gymnasium volbracht, maar ik kon niet memoriseren en was inmiddels veel te oud voor de klas waarin ik zat.

Omdat ik slecht kon lopen, had ik als veertienjarige een licentie om met een Solex door Leeuwarden te rijden. Dat kwam mij goed uit, want zo kon ik aan alles ontsnappen. Ik was ontworteld geraakt in mijn eigen leeftijdsgroep, ontwricht, een einzelgänger geworden. Vandaar dat ik met mijn brommer verkaste naar Zwollc.

Ik kon mijn knieën alleen nog maar met pijn bewegen toen mijn benen daar onder de bestralingsapparatuur werden gezet. Tijdens de derde sessie hoorde ik ineens een man met barse stem roepen: 'Wat doet een snotjongen als jij onder zulke gevaarlijke apparatuur! Kom daar onderuit!' Ik had het niet zo op autoriteit, maar deze man imponeerde me op een manier die mijn docenten niet konden. 'Loop mee naar mijn kantoor,' zei hij.

Ik achter deze dokter Maas aan, die zelf ook moeilijk liep. Pas later snapte ik dat hij twee protheses had. Hij was revalidatiearts en nam plaats achter een enorm bureau. Ik moest hem vertellen waarom ik onder die apparatuur zat. Hij stond op, bewoog zijn handen over mijn benen en toen begon hij een preek af te steken. 'Als je onderontwikkelde spieren hebt, zoals jij, moet je niet verwachten dat je knieën geen pijn doen.' Inderdaad: ik had weinig beenspieren, ik had van die biafrabeentjes. Ik durfde op het strand nooit mijn spijkerbroek uit te doen, want dat was geen gezicht. Hij zei: 'Jij moet spieren kweken. Die krijg je niet van bestralingsapparatuur, die krijg je van oefenen.' Die behandeling was te gek voor woorden, vond hij.

Daar zat ik als jongen aan wie altijd gedokterd was, vanbuiten stoer, legerkistjes aan, maar inwendig een onzeker kind dat zich ontzettend dom voelde. Tegenover dokter Maas bleef er niks van die recalcitrantie over. 'Jij gaat elke dag fietsen,' zei hij. 'En je gaat nu naar het oefenbad.' 'Hoezo nu?' vroeg ik. Ik haatte zwemmen, dus ik zei: 'Ik heb geen zwembroek.' Hij had meteen een weerwoord: 'Geen punt, ze hebben wel een zwembroek voor je. Ik bel of je aangekomen bent.' Toen ik begon met 'Maar hoe moet ik daar dan komen?' zei hij: 'Ik heb mensen zonder armen leren autorijden met hun tenen op een stuur dat op de autovloer gemonteerd was. Er zijn mensen die je in je leven kunnen helpen, Marius, en dat wil ik doen, maar je moet het zelf oppakken.'

Ik weet nog dat ik me naar het oefenbad begaf. Het lag vlakbij, maar leek kilometers ver, want die kistjes liepen natuurlijk waardeloos. Daar stonden bij de ingang twee zweminstructrices mij op te wachten: Lucy en Herma. Ik kreeg een veel te grote zwembroek aan; ik schaamde me dood. Maar toen ik bij dat bad kwam, werden er invalide mensen aan een kraan het water in gehesen met hun rolstoel. Mensen zonder benen, kinderen met progressieve spierdystrofie. Nou, dan is zo'n zwembroek niet meer zo'n punt.

Ik heb drie jaar lang drie keer per week in dat oefenbad gezwommen. Mijn spieren begonnen te groeien, de last in mijn knieën nam af. Het is echt een heleboel werk om van niets wat te maken. Dat ik vele jaren later op een dag 22 kilometer over de Biënnale van Venetië zou lopen, kon ik me toen niet voorstellen.

Dankzij dokter Maas is bij mij de liefde voor zorg ontstaan. Om die twee componenten: de wil om de zelfstandigheid van mensen te promoten en ze tegelijkertijd helpen over een dipje heen te komen. Voor mij heeft zelfstandigheid met menselijke waardigheid te maken.

In het begin van mijn bedrijf werkte ik aan de reïntegratie van uitkeringsgerechtigden. Veel van deze mensen waren bankhangers, hadden geen uitzicht op werk, keken van 's ochtends vroeg tot 's avonds laat tv. Als je deze mensen weer aan de slag krijgt, ontstaat vanzelf bij hen de noodzaak zich op orde te houden. Als arbodienst wil ik beslist niet dat wij gaan controleren of iemand wel of niet ziek is. Ik wil dat wij het probleem van de ander onderkennen en helpen uit het dal te klimmen. Je moet begrijpen: iemand is onderuitgegaan. Misschien is er een scheiding, een schuld, een verslaving; allemaal dingen waar ook een gezond mens last van heeft. Soms glij je uit en dan is het belangrijk dat er mensen zijn die je even helpen. Dat zie ik als onze rol. We hebben allemaal genoeg innerlijke drive, zolang die maar aangesproken wordt.

Ik heb ook daarna in mijn leven tegenslagen gehad. Zo heb ik een vorm van longemfyseem ontwikkeld, die grote longoperaties meebracht waarbij delen van de longen zijn weggebrand. Ik heb onlangs nog een ernstige longontsteking gehad, die bijna een jaar duurde. Dan mag je dus niks, rust is belangrijk. Na die periodes moet ik steeds opnieuw starten met trainen.

Ik kan soms wegglijden in mijn eigen onbehagen, lusteloos worden. Bovendien houd ik nog steeds niet van sporten; ik praat liever met een glas wijn in mijn hand over kunst. Maar op een gegeven moment staat dokter Maas weer klaar in mijn hoofd: 'Je moet het zelf doen.' En dan ga ik weer in training, weer die verschrikkelijke duinen op, die hoog zijn voor mij. En die longen willen niet, dus is het echt heel zwaar en dan hoor ik dokter Maas achter mij roepen: Kom op!, en denk ik: verdomme, je fietst door!

Marius Touwen (1950) is bestuurder en grootaandeelhouder van Zorg van de Zaak, marktleider in arbodiensten en actief in onder meer de verslavingszorg en de kraamzorg. Hij is daarnaast eigenaar van het Rode Kruis Ziekenhuis in Beverwijk. Touwen woont in Bloemendaal met Carla, heeft een zoon, dochter, bonusdochter en zeven kleinkinderen. Onlangs publiceerde hij met Ariëlla Kornmehl het boek *Samenspel*.

Schrijver Arnon Grunberg over onderhandelen met een overvaller

Het was 14 juli 2007, een zaterdagavond. Ik was op bezoek bij een vriendin in haar appartement in Brooklyn, toen haar vriend ineens binnenviel. Hij pakte de honkbalknuppel die hij vermoedelijk voor inbrekers had klaarstaan, en riep dat er maar één manier was waarop ik het appartement levend zou verlaten, en dat was als ik naar beneden zou springen. We waren op de veertiende of vijftiende verdieping.

Het klinkt misschien grappig, maar dat was het helemaal niet. Ik had die vriendin, een Italiaans-Amerikaanse modestudent, een paar jaar eerder ontmoet. Ze zocht andere grenzen op dan ik, dat trok me aan. We hadden een korte affaire gehad en ze had weer contact opgenomen omdat ze een boek wilde schrijven. 'Kom even mee naar mijn huis,' zei ze, nadat we samen Italiaans hadden gegeten vlak bij mijn appartement in Manhattan. Ik wist dat ze een vriend had, maar dacht dat het een soort open relatie was, waarom nodigde ze me anders uit?

Het appartement was leeg, er stonden alleen een paar banken en een enorme tv. Mijn hypothese achteraf is dat ze haar vriend jaloers heeft willen maken. Hij was kok, ze klaagde tegen mij dat hij zo afwezig was, dat hij altijd zo laat thuiskwam – ik denk dat ze totaal niet had voorzien dat hij zo kwaad zou worden. Hij was duidelijk onder de invloed van iets, had vermoedelijk gesnoven, en was volstrekt niet voor rede vatbaar.

'Ik ga je doodmaken,' zei hij. Ik zag dat hij het meende, ik was doodsbang. Zijn vriendin werd heel stil. Dat ik zou doodgaan kon ik me niet echt voorstellen, maar wel dat die knuppel op mijn hoofd terecht zou komen en dat ik de rest van mijn leven in een rolstoel zou zitten. Dat er een 'voor' en een 'na' zou zijn, ja, dat kon ik heel goed voor me zien.

Als je denkt dat iemand je gaat slaan, wil je je zo klein mogelijk maken, je wilt ook je hoofd beschermen. Ik ben letterlijk over de grond gekropen als een hond. Ondertussen ging ik hardop bidden. Ik ben niet gelovig, maar ik ben joods opgevoed en begon te bidden in het Hebreeuws, om te laten zien hoezeer ik aan het leven hechtte.

Het kwam niet in me op om stoer te doen, ik dacht: iedere vorm van trots kan mij alleen maar schaden, ik moet hem geen enkele reden geven om agressief tegen mij te zijn. Ik dacht: als hij ziet hoe belachelijk ik ben, hoe ridicuul, heeft hij minder reden om mij te lijf te gaan. Ik handelde uit diepe angst, maar ook uit intuïtieve onderdanigheid.

Hij lachte me natuurlijk uit, hij maakte me belachelijk, hij zei tegen zijn vriendin: 'Kijk naar die homo, vind je dat een leuke man?'

Zo ontstond er toch een soort gesprek. Op het moment dat je gaat praten ontwikkelt zich iets van een dialoog, een stap richting... 'menselijkheid' misschien? Ik heb gezegd: ik kan me voorstellen dat je boos bent, ik ben volstrekt onschuldig, er is door je vriendin een val voor ons uitgezet, er is niks aan de hand, waar maak je je druk om, ik ga hier weg en je ziet me nooit meer. En dat herhaalde ik alsmaar. Als ik denk aan het meest betekenisvolle gesprek, denk ik hieraan. Ik had nooit eerder over mijn eigen leven onderhandeld, ik was nog nooit zo dicht bij de dood geweest.

Ik herinner me de enorme concentratie. Je schiet in een overlevingsmodus, alles staat aan. Ik werd me toen pas echt bewust van de kracht van het primitieve in mensen en hoe diep die zit. Op het eerste oog hebben wij een vreedzame samenleving, maar daarachter sluimert altijd de mogelijkheid van geweld.

Geweld hield me altijd al bezig, ik wist: geweld ligt altijd op de loer. Ik las erover, ik schreef erover, en toch had ik me wat hier gebeurde niet kunnen voorstellen. Dat iemand in zo'n situatie op deze manier zou reageren, zo zonder enige zelfreflectie. Ik vond het haast teleurstellend naïef van mijzelf.

Die jongen belde ondertussen de ouders van dat meisje en zei: kom die hoer maar halen. Haar broer is toen vanuit New Jersey naar Brooklyn gereden. Hij kwam heel geagiteerd binnen. Híj heeft mij toen geslagen, haar vriend uiteindelijk niet. Die broer vond natuurlijk dat ik niet in dat appartement had moeten zijn – het waren mensen met heel andere normen dan ik eropna houd: je behoort geen herenbezoek te ontvangen, en zeker niet na tien uur 's avonds.

Door de komst van die broer stond de deur open naar de gang en daardoor zag ik een buurvrouw haar appartement in gaan, dat was mijn redding. Ik vroeg of ik bij haar mocht schuilen. Dat mocht niet, maar ze zou wel de politie bellen, en toen kon ik vluchten. De jongens hielden me niet tegen, die hielden rekening met de komst van de politie.

Toen ik de middag erna de deur uit ging om ergens koffie te drinken, voelde ik een rare trots dat ik intuïtief de juiste strategie had bewandeld om me uit een situatie te manoeuvreren die hopeloos leek. Ik had wat blauwe plekken maar was er zonder blijvende verwondingen uit gekomen. Ik voelde opluchting en blijdschap: wow, dit is allemaal echt gebeurd en ik loop hier nog!

Ik vind dat onze cultuur het slachtofferschap onterecht verheerlijkt. Ik denk dat er een enorme weerbaarheid in mensen zit.

Ik had een stomme zet gedaan in het schaakspel dat het leven is, maar ik had die stomme zet ten goede gekeerd. Ik was over de grond gekropen en nu was ik vrij. Een van mijn favoriete citaten uit de Bijbel is dat van Prediker 9:4: 'Het is beter een levende hond te zijn dan een dode leeuw.'

Maar als ik naar een onbekende woning ga, ben ik toch altijd enigszins op mijn hoede. Je weet nooit wie er nog meer komen.

Arnon Grunberg (1971) is de meest gelauwerde levende Nederlandse schrijver. Hij won bijna alle belangrijke literaire prijzen, sommige meerdere keren. Grunberg woont in Manhattan, New York.

Regisseur Ivo van Hove over het levenslange gesprek met mentor Dora van der Groen

Dora kwam in 1984 kijken naar een voorstelling die ik gemaakt had: *Agatha*, van Marguerite Duras. Een paar dagen later kwam ze nog eens, daarna nog eens. De zesde keer sprak ze me aan. 'Jij bent echt gemaakt voor het theater,' zei ze.

Dora van der Groen! Ze speelde in tv-series die op zaterdagavond werden getoond op de enige zender die we in Vlaanderen hadden. Dat was de tijd dat iedereen omkeek als ze over straat liep. Ik was vierentwintig, een nobody.

Dat was het begin van een levenslang gesprek, dat pas eindigde vlak voor haar dood, in 2015, en me zeer beïnvloed heeft. Ze nodigde me uit om les te komen geven op de theateropleiding waarvan zij de baas was. Die leraren zagen dat helemaal niet zitten, ik werkte toen heel fysiek, met beeldend kunstenaars in plaats van acteurs, maar Dora is voor, achter, links en rechts van me gaan staan.

Al snel nam ik haar op sleeptouw in mijn rusteloze zoektocht langs de theaters, naar Parijs, urenlange autoritten in mijn deux-chevaux, waarop we eindeloos over voorstellingen spraken.

Dora zag iets in mij wat niet alledaags was. Alledaagsheid op het toneel vond ze verschrikkelijk. Ze noemde dat huis-tuin-enkeukenacteren, wat je vaak ziet in televisieseries. Acteurs moesten autonome persoonlijkheden zijn, aristocratisch. Toen ik in mijn beginjaren in Amsterdam in zwaar weer terechtkwam, zei ze: 'Je hebt je rug rechtgehouden als een koning.'

Studenten noemde ze opkomende zaadjes, waar wij niets aan moesten doen behalve wieden. Hun groeiproces vraagt persoonlijke begeleiding. Zo werk ik nóg: acteurs als Hans Kesting, Marieke Heebink of Achraf Koutet spreek ik op verschillende manieren aan. Doe je dat niet, dan krijg je acteurs die allemaal een beetje hetzelfde zijn, dan maak je algemene kunst, en verval je tot de middelmaat.

Een acteur moest poëzie hebben, vond Dora, want die behoedt hem tegen het alledaagse. En perversiteit: de bereidheid je te begeven in duistere gebieden, want als je alleen vrolijkheid wilt, mis je de helft van wat op toneel mogelijk is. Pijn: wie geen pijn kent, kan nooit Macbeth of Medea spelen. En het plezier om met al die diepgaande dingen heel je leven in het repetitielokaal en op toneel bezig te zijn.

Op een dag – ik zat al bij het Zuidelijk Toneel – zag ik een voorstelling die Dora met studenten had gemaakt, *Phaedra*, van Hugo Claus. Die eindigde met een monoloog van een zoon over zijn vader. Ik zie hem nog staan, die acteur, ik zie hem uit het raam kijken, bezeten van dat moment. Het was zo goed getroffen, ik kon niet stoppen met wenen. Ik kan me niet herinneren wanneer ik om toneel heb moeten huilen, en dat uitgerekend om een schoolvoorstelling van haar. Ze kwam naar mij toe: 'O soeteke, wat is er toch?' 'Laat me gerust even,' zei ik. Ik was zo aangedaan.

Ik heb haar toen gevraagd regisseur bij mij te worden. Als mensen vroegen: 'Waarom begin je op je vijfenzestigste een nieuwe carrière?' zei ze: 'Omdat Ivo het vroeg.' En, dat is het allermooiste: 'Omdat ik me bij hem veilig voel, omdat hij mij niet zal verraden.'

Op een gegeven moment, ze was in de tachtig, zou een leraar de fakkel op school van haar overnemen. Hij zou haar eerst een tijd volgen. Die leraar belt: 'Ivo, het gaat niet goed met Dora, ze schrijft iets op het bord en weet daarna niet meer waarom.' Ik kreeg de vraag of ik tegen haar wilde zeggen dat het lesgeven niet meer kon. Dát tegen háár te gaan zeggen; dat was wel het laatste wat ik wilde. Ik had een afspraak gemaakt, die zou nog even duren – plotseling belt ze: 'Ivo, we zien elkaar binnenkort, maar ik wil je iets vertellen: ik ga stoppen met de school.' Ik kon huilen en lachen tegelijkertijd: huilen omdat ik wist hoe zwaar die beslissing moest zijn geweest, want het was haar levenswerk, en lachen omdat ik dacht: wat ben jij een ongelofelijke vrouw, dat je de moed hebt zo'n besluit te nemen. Ik heb niets verteld over de intentie van mijn afspraak.

Ze heeft me iets geleerd over loslaten, het moeilijkste wat er is. Ik ben aan mijn eenentwintigste jaar bezig in Amsterdam, en ik kan de gedachte niet ontwijken dat mensen zullen denken: wanneer gaat-ie nou eens weg? Hij zit daar twintig jaar! Dat is een gesprek met mezelf en met Jan, we zijn daar nog helemaal niet aan toe, maar je moet daarover durven nadenken: ben ik goed bezig? Beteken ik nog iets voor Amsterdam, voor Nederland?

Na Dora's afscheid van de school begon mijn internationale carrière, en belden we regelmatig. Het heeft me zo gepakt dat ze tijdens haar laatste jaren steeds zei dat ze zo eenzaam was. Terwijl ze kinderen had, kleinkinderen, leerlingen die op bezoek kwamen. Op een gegeven moment aarzelde ik om te bellen, dat geef ik eerlijk toe. Dat zal me altijd bijblijven, dat je eenzaam kunt zijn tussen zoveel mensen.

Op een ochtend ben ik naar de zorginstelling gereden waar ze was ondergebracht. In het halletje bij de deur stonden drie oudere mensen met elkaar te praten. Ze stond daarbij. Ik zeg: 'Hé Dora!' Ze draait zich om: 'Dat werd tijd!' Toen pakte ze me vast.

'Eindelijk!' En toen hebben we vijftig minuten in die omhelzing in dat halletje gestaan, er is verder geen woord meer gezegd, ze heeft alleen maar geweend.

Het ontroert me, want het gaat diep. Als ik moet tellen wie me dierbaar zijn, heb ik niet veel vingers nodig: Jan en Dora, daarna moet ik al hard gaan nadenken.

Later, in de auto, kwam het besef: dit is de laatste keer dat ik haar gezien heb. Het laatste gesprek had geen woorden meer nodig. We hadden alles al tegen elkaar gezegd.

Ivo van Hove (1958) is directeur van Internationaal Theater Amsterdam. Als theater- en operaregisseur werkt hij in onder meer New York, Parijs, Lyon, Berlijn, München, Hamburg, Brussel en Londen. Hij werkte samen met sterren als Jude Law, David Bowie, Isabelle Huppert en Juliette Binoche. In 2020 regisseerde hij een nieuwe versie van *West Side Story*, in New York. Van Hove leeft met Jan Versweyveld, zijn partner in liefde en werk.

Directeur Lieke Schepers over een gesprek met haar moeder

Toen ik een jaar of zestien was, zat ik met mijn moeder op een middag aan tafel in een kliniek in Nijmegen. Het moet najaar zijn geweest, want het werd al donker buiten, boven de tafel brandde een lichtje.

Mijn moeder had tijdens mijn middelbareschooltijd meerdere depressies. Later bleek ze aan een ongeneeslijke neurologische ziekte te lijden, maar dat was in die eerdere jaren nog niet duidelijk.

We zaten tegenover elkaar en voerden een gesprek dat we in de loop van de jaren vele malen gevoerd hadden: hoe het met haar ging en wat ze nodig had. Het moeizame gesprek tussen een depressieve moeder en haar tienerdochter.

En toch was dit gesprek anders, want als ik het terughaal zie ik mezelf erboven hangen. We waren aan het praten, en ineens realiseerde ik me dat zij haar situatie niet kon bekijken zoals ik dat kon. Ik dacht: ik kan het nóg duizend keer zeggen, maar het komt niet aan. De paden, de mogelijkheden die ik voor haar zag, zag zij niet meer.

Zij zat in een toren, en had een heel klein raampje waardoor ze naar buiten keek, en waar ze dingen doorheen liet. Ik stond boven op die toren en had zicht op alle kanten.

Ik realiseerde me daar, op zestienjarige leeftijd, dat mijn moeder het perspectief kwijt was, en dat ik het wel had. Noem het het begin van mijn volwassenwording.

Met het zicht op haar situatie was ze ook de regie over haar leven verloren. Daardoor lukte het haar niet meer om in beweging te komen. Ik zag hoe machteloos en ongelukkig dat haar maakte. Ze zat vast. Dat deed die ziekte met haar. Ze was niet zomaar neerslachtig, ze was echt ziek.

Ik besefte nog iets anders op dat moment: dat ik een andere inborst had. Ik ben geboren met een optimistische, gedreven inslag. Dat is geen verdienste, laat ik daar duidelijk over zijn, dat is mazzel, dat krijg je mee. We zijn gebakken zoals we gebakken zijn. Maar ik realiseerde me toen wel: dat wil ik vasthouden. Als ik ook maar enigszins in staat ben de regie te pakken als het tegenzit, doe ik dat. Naast het verdriet om mijn moeder voelde ik dankbaarheid, dat ik dat wel kon. Het heeft me me doen voornemen: ik ga er wat van maken.

Als iets me tegenzit in mijn persoonlijke of professionele leven, loop ik eromheen en probeer ik zicht te krijgen. In het begin van mijn loopbaan was ik als intercedent bij Randstad in Amsterdam-Zuidoost verantwoordelijk voor een team flexwerkers met een afstand tot de arbeidsmarkt. Ik werd geconfronteerd met mensen die te laat kwamen of niet kwamen opdagen. Ik probeerde het arbeidsproces vanaf hun positie te bekijken, ik ging vragen stellen, kreeg zicht op het gat tot de arbeidsmarkt dat door andere opleidingsniveaus, achtergronden, werkculturen en gebruiken was ontstaan. Ik ging in gesprek: dat vijf minuten te laat komen op een dag van 24 uur misschien niet belangrijk leek, maar dat het in het Nederlandse arbeidsproces kan betekenen dat drie anderen aan een lopende band niets staan te doen doordat ze afhankelijk zijn van jou, de vierde kracht. Voor dat verruimen van het perspectief, ook dat van mij, span ik me in. Zo lukte het ons gezamenlijk een plek op de arbeidsmarkt te vinden.

Ik geloof niet dat mensen niet willen meedoen, iedereen wil graag ergens bij horen, iedereen wil graag van waarde zijn, iedereen wil graag dat zijn of haar kinderen op voetbal kunnen, dat ze een cadeautje kunnen meenemen naar een verjaardagsfeestje. Werk is daar zo belangrijk voor. Het heeft zulke grote sociale en maatschappelijke implicaties als je niet werkt.

Ik heb gezien wat het betekent als dat niet meer kan. De wereld van mijn moeder werd langzaam steeds kleiner. Door haar neurologische ziekte kon ze later ook fysiek niet meer meedoen.

Als ik nu terugkijk op mijn leven, zie ik dat ik dat op veel momenten ben gaan doen: ergens omheen lopen. Wat kan er wel, hoe kan het ook? Het voelt bijna als een levensopdracht. Ik hoor vaak: jij bent zo goed in staat je in alle stakeholders te verplaatsen. Inmiddels snap ik waar dat vandaan komt.

Ik heb in dat verantwoordelijkheid nemen wel een balans moeten zoeken. Er was een moment in mijn loopbaan dat ik álle taken op mijn schouders had genomen, en inzag: ja, wacht eens even, hier ga ik helemaal niet over. Na een grote reorganisatie tien jaar geleden zag en voelde ik niet alleen de uitdagingen van mijn eigen klus, maar ook zo ongeveer die van de hele organisatie. Mijn drang om met positieve energie zaken in beweging te krijgen dreigde toen om te slaan in een soort van strijd, ik stond zo ongeveer voor alles op de barricade. Gelukkig had ik toen een leidinggevende die me een ander perspectief bood. Hij erkende mijn zorgen, maar deed me inzien dat ik op het gedeelte buiten mijn eigen klus geen invloed had. Die spiegel had ik echt even nodig.

Op dat moment leerde ik dat ik met mijn optimistische en gedreven inslag niet alles in beweging kan krijgen. De wereld is nu eenmaal niet honderd procent maakbaar. Er zijn natuurlijk ook gewoon zaken die je moet accepteren, omdat ze nu eenmaal niet of nog niet door mij of iemand anders te veranderen zijn. Ik ben door deze ervaring realistischer geworden en beter in balans gekomen, maar ik heb het moeten leren. *Pick your battles.*

Mijn moeder stierf aan haar ziekte toen ze tweeënvijftig was, ik was eenentwintig. Veel te jong, voor haar en voor mij. Gek hè, als ik terugdenk aan dat gesprek kan ik de setting en de sfeer nog helemaal terughalen, maar ik kan me er geen woord van herinneren.

Lieke Schepers (1979) is CEO van Yacht Group, in omzet het grootste detacheringsbureau in Nederland. Ze zit in de raad van toezicht van loonadministratiebedrijf EURflex, is lid van het dagelijks bestuur van VNO-NCW, als businesscoach actief voor Enactus, en mentor bij het Cross Cultural Mentoring Program van Talent naar de Top. Ze is getrouwd met uroloog Michiel Arnolds. Samen hebben ze drie kinderen.

Schrijver Manon Uphoff over hoe ze haar broer inlichtte

Op een zondag in 2015 heb ik mijn tien jaar oudere broer gebeld en gevraagd of hij naar mij toe kon komen, of ik met hem in gesprek kon. Ik heb niet aangegeven waar het over zou gaan. Hij zei meteen ja. Hij kwam naar Utrecht gereden, en omdat ik het gesprek niet binnen de vier muren van mijn huis wilde voeren met mijn partner erbij, zijn we in het park hier gaan wandelen.

Niet lang daarvoor was onze oudste zus overleden na een val van de trap. Eerst dacht ik dat het me niet zoveel deed. Een vrouw die ervoor had gekozen niet meer voor zichzelf te zorgen, die zichzelf had uitgehongerd, met wie ik maar heel weinig contact had. Maar toen begon er een huilbui die niet meer ophield. Voor het eerst ontstonden er vragen: wat heb je willen vertellen met niet meer willen eten, wat heb je willen vertellen met het wegvallen van je stem, want zij sprak bijna niet meer, wat heb je willen zeggen met je telefoon niet opnemen? En die antwoorden, zo wist ik, lagen in ons gedeelde verleden, waar we door onze vingers naar keken, en in dat waarover we zwegen.

Er zijn belangrijke gesprekken in mijn leven die ik nooit heb kunnen voeren: over seksueel geweld in ons ouderlijk huis. Dat gesprek moest kunstmatig gevoerd worden, dat voerde ik in mijn boeken en in de beeldende kunst.

Ik ben na de dood van mijn zus gaan nadenken over de vraag wat het betekent genoegen te nemen met zwijgen, wat betekenen die niet gevoerde gesprekken, die niet vertelde geschiedenissen, hoe onaf en hoe onvolledig is dan onze blik op de werkelijkheid en de geschiedenis? Ik kon niet meer terug in wat ik lang comfortabel heb gevonden, namelijk dat belangrijke verhaal onverteld houden.

Toen ik begon met schrijven aan *Vallen is als vliegen* wist ik: ik moet dit gesprek gaan voeren met mijn oudere broer, iemand die ik er juist altijd buiten heb gehouden. Ik heb een kluitje broers, maar met deze broer heb ik altijd veel contact gehad. We hebben veel wederzijdse interesses. Ik heb lang tegen hem opgekeken: hij was op die plek waar de kennis voorhanden was, hij was degene met scienceboeken, met literatuur, iemand die natuurkundige en wiskundige berekeningen wist te maken, echt een oudere broer. En met die oudere broer, die ik altijd heb willen behoeden, moest ik nu dit ellendige, moeilijke gesprek aangaan.

In het park hebben we op een bankje gezeten, en toen heb ik de deur naar een duistere kamer opengetrokken, en verteld dat er verschillende werkelijkheden waren in het gezin waarin we opgroeiden: dat we nooit over het bestaan van die verschillende werkelijkheden hebben gesproken, dat er een oppervlakkige werkelijkheid was die er soms plezierig en gelukkig en gezellig uitzag en waar we ook fijne herinneringen aan delen: een groot gezin met broers en zussen die om elkaar geven, waar ruimte was voor van alles en nog wat en waar we gelachen hebben en gehobbyd, waar gegeten en gedronken en gespeeld is, een werkelijkheid die we graag met elkaar delen en waar we graag in gesprekken aan refereren.

En toen heb ik moeten zeggen: 'Weet je dat er dus nog die totaal andere werkelijkheid was? Waarin er sprake was van verstikkende angst en van een totaal gebrek aan bescherming en van grensoverschrijding en van seksueel misbruik en van geweld? En van pijn en verdriet? En van zelfs...'

... Waarom doe ik eigenlijk mee aan zo'n interview als dit? Mensen willen in deze coronatijd misschien helemaal niet die shit horen. Ik kan het inderdaad niet even licht en luchtig maken, en tegelijkertijd ben ik dat zelf wel, ik ben een in principe... Ik sta er met enige souplesse en een gevoel voor humor in, en met een verlangen ook naar lichtheid, en dan vind ik het bijna gênant dat ik het over iets zwaars heb, maar ik kan er niks aan doen, want het ís zwaar.

Ik moest hem vertellen: die werkelijkheid die we zo vaak met elkaar proberen te delen in gesprekken, daar lag een andere onder, en die hebben we voor elkaar willen verzwijgen. Dat is niet alleen omdat het beschamend is, misbruik is beschamend, je eigen positie is beschamend, dat je zo weinig macht en invloed hebt is beschamend, dat je het op die manier over je vader, bij wie de verantwoordelijkheid voor het misbruik ligt, en daarmee dus vanzelf ook over je moeder, en haar positie, moet hebben, is beschamend.

Je wilt horen bij de mensen die liefdevol en soepel en zonder enig conflict kunnen terugdenken aan beide ouders en een fijn gezin, en dat waren ze deels ook en dat is weer niet te harden doordat je niet weet hoe je dat moet rijmen met elkaar, al die dingen, ook doordat je elkaar het verhaal niet wilt aandoen.

Het is voor jezelf al moeilijk, maar het is ook moeilijk als je met dat verhaal komt bij een ander en weet: nu sla ik die deur die jij ook hebt aangebracht aan stukken, en ik laat jou ook alleen met wat je dan te zien krijgt. Want dat kan ik niet van je overnemen.

Dat vond ik echt een van de allerallermoeilijkste dingen en daar gaat het heel vaak niet over hè, als we het hebben over gezinnen waarin geweld, mishandeling en misbruik is; we hebben het er niet over wat dat allemaal nog meer in gang zet behalve het overleven van misbruik zelf, wat het allemaal met zich meebrengt aan gevolgen; aan wat je een ander soms moet aandoen om je eigen geschiedenis te mogen hebben – dat is zo lastig, daar kan ik eigenlijk...

Ik wil het niet zwaarder maken dan het is, en ik wil het niet vergelijken met ervaringen van mensen in de Holocaust, maar ik weet wel dat er soms overlevenden zijn geweest van concentratiekampen die bijna een leven lang wachten om dat te delen met hun kinderen omdat ze die last gewoon niet bij de mensen die ze dierbaar zijn in de handen willen drukken: 'Nou, veel plezier hè, met de erfenis!'

Dat is het moeilijke van sommige heel betekenisvolle gesprekken. En daarom ben ik ook weer meer gaan begrijpen waarom er soms zo lang en zo diep gezwegen kan worden, waarom we sommige gesprekken ook in de samenleving zo lang uitstellen.

Ik kan me goed voorstellen dat mijn broer zich aan dat gesprek had willen onttrekken, misschien was gestopt, misschien had gezegd: 'Hou op, ik wil dit niet horen!' Of allerlei andere afweermechanismen die we ook in de samenleving zo vaak tegenkomen: 'Dat kan niet waar zijn!' of 'Dat is niet zo erg geweest als je nu vertelt'. De maatschappelijke reacties als iemand seksueel geweld als gespreksstof aanbrengt: 'Nee, het zit in je hoofd, nee, je maakt het erger dan het is, nee, dat is nooit de bedoeling geweest, nee, je bijt je er te veel in vast.' Ik ben ongelofelijk trots op hem dat hij dat niet gedaan heeft.

Hij zat er rustig bij, luisterend, me niet in de rede vallend. Hij stond niet op, hij liep niet weg, hij kapte het gesprek niet af, hij stelde er niets voor in de plaats. Hij heeft geluisterd, hij heeft mij de tijd gegeven om te vertellen wat ik wilde vertellen en we hebben gelopen; dat is heel prettig als je een tijd gezeten hebt met iets zwaars, om dan een wandeling te maken en nog een rondje te maken.

In de weken en de maanden daarna is dat gesprek op allerlei manieren opgepakt en voortgezet. Soms was er weerstand, maar dat gesprek bleven we voeren, en ik vergeet niet meer hoe groot en hoe belangrijk dat was. Want dat heeft mij enorm gesterkt in het vertrouwen dat het mogelijk is, dat je dus zo'n gesprek kúnt voeren. Dat een goed gesprek ook voor een deel uit stiltes kan bestaan, uit niet direct reageren.

Ik dacht toen: je had je ook kunnen verschuilen in de rol die je altijd hebt gehad, maar je hebt de moed gehad en de bereidheid en de liefde dus ook om niet te vluchten en je niet te verschansen in de rollen die we al van elkaar kenden. Ik vind dat daar heel veel persoonlijke moed voor nodig is.

Het was de aanzet tot een nieuw soort gesprekken tussen ons. Juist weten dat deze 'klont' besproken kon worden, maakte ook alle andere dingen beter. Ik heb met mijn partner een huis in Kroatië. Daar kwam mijn broer vaak op bezoek, en dan keken we op het dakterras met de sterrenkijker naar de sterrenhemel en naar het rondje van ruimtestation ISS, en dan hadden we eindeloze gesprekken over wetenschap, over kunst en politiek, gewoon de lekkere gesprekken waarin je elkaar enthousiasmeert. Die konden nu ook weer ten volle gevoerd worden, doordat we niet meer zo hard hoefden te werken om al het andere niet te zeggen. Op een gegeven moment voelden die gesprekken alsof ze iets aan het bedekken waren, maar nu konden ze weer echter worden, speelser, lolliger, plezieriger.

Manon Uphoff (1962) is auteur, scenarist en beeldend kunstenaar. *Vallen is als vliegen* (2019) werd door *NRC Handelsblad* en *Humo* uitgeroepen tot beste Nederlandstalige roman van 2019. Uphoff is bestuurslid bij de Maatschappij der Nederlandse Letterkunde, jurylid bij de Frans Kellendonk-prijs en de Joost Zwagerman Essayprijs. Ze woont samen met haar vriend en heeft een dochter.

Primatoloog Frans de Waal over aangesproken worden door een Amerikaanse expert

Het was 1976. We hadden een conferentie over primatologie in Cambridge, Engeland. Het was de droogste zomer ooit, Europa stond in brand. Ik herinner me dat de grasperken van Cambridge geelbruin waren, maar dat ze die dag toch gemaaid werden. Toen ik aan de tuinman vroeg waarom, zei hij: 'Dat doen we al eeuwen op donderdag.'

Ik gaf als student een lezinkje van een kwartier over agressief gedrag bij makaken. Terugkijkend geloof ik niet dat het zo spectaculair was, maar na de lezing kwam er een oudere Amerikaan naar me toe, heel enthousiast.

Robert Goy had krullend wit haar, en was directeur van een groot primatencentrum in Madison, Wisconsin. Hij gaf me het ene na het andere compliment. Ik was een beetje van mijn stuk gebracht. Ik was er niet aan gewend om zo uitvoerig uitgelegd te krijgen hoe fantastisch het was wat ik deed. Als je in Nederland iets goed doet, hoor je hooguit 'Niet slecht'.

Bob zei: 'Je moet naar Amerika komen, kom naar mijn onderzoeksinstituut. Je kunt doen wat je wilt.' Het bleef niet bij een korte ontmoeting. Hij benaderde ook mijn professor, Jan van Hooff, en schreef hem zelfs brieven waarin hij me opnieuw uitnodigde.

Ik was nog nooit in Amerika geweest. Ik vond het een beetje abrupt om zomaar weg te gaan, het was destijds niet normaal om dat te doen. Maar in 1981 besloot ik het een jaar te proberen. Ik was toen inmiddels ook gepromoveerd, en gelukkig maar, want de doctorandustitel, die toen nog bestond, betekende niks in de Verenigde Staten. Binnen twee weken bood Bob me een baan aan, en ik zei onmiddellijk ja, want het beviel me meteen in de Verenigde Staten.

Het is moeilijk aan Nederlanders uit te leggen waarom ik liever in Amerika werk, ze worden meteen defensief. Nederlanders die naar Amerika zijn geweest en weer teruggekomen zijn, hebben allerlei negatieve verhalen over harde concurrentie, maar dat is vaak omdat het niet goed is gegaan.

Wat me zo trof in Wisconsin was de vrijheid die ik kreeg, en de aanmoediging. Die houding was zo anders dan ik gewend was. In Nederland is de universiteit vrij hiërarchisch, er zijn altijd hogere krachten die je opdragen wat te doen. Je moet veel meer in het verlengde werken van de professor. In de VS werken we allemaal onafhankelijk van elkaar, en gaan alleen samenwerkingen aan als we daarvoor kiezen.

Ik voelde me enorm gestimuleerd door alle mogelijkheden die ik aangeboden kreeg en ook door de atmosfeer die Bob had gecreëerd, met bijna elke week wel een gezellige avond bij iemand. Hijzelf kookte graag voor hele groepen bij hem in huis. Het was een groot instituut, maar we kenden elkaar allemaal van buiten de werksfeer. Ik had zoiets nooit eerder meegemaakt.

In het Nederlandse academische milieu mag je niet boven het maaiveld uitsteken. Martinus Veltman is een fysicus die in 1999 de Nobelprijs voor Natuurkunde kreeg; hij kwam toevallig net als ik van het Dr. Mollercollege in Waalwijk. In een interview met hem las ik dat hij uit Nederland was weggegaan omdat hij zich niet kon ontplooien, iedereen probeerde hem in te tomen.

Hij werkte veel harder dan wie dan ook, en dat viel niet goed bij zijn Nederlandse collega's. Daar had hij last van, en daarom is hij naar de Universiteit van Michigan vertrokken.

Achteraf gezien denk ik dat ik me ook belemmerd voelde en in Nederland als wetenschapper zeker niet goed weggekomen zou zijn met de populaire boeken die ik in die tijd begon te schrijven.

In de VS wordt succes aangemoedigd. Als een van de professoren op een departement een grote beurs binnenhaalt van een paar miljoen wordt het door iedereen gevierd, terwijl dat in Nederland vaak tot scheve ogen leidt. In de VS wordt de differentiatie tussen personen op basis van hun eigen werk gewoon geaccepteerd. Salarissen groeien afhankelijk van je prestaties, zodat het salaris van sommige collega's stilstaat, terwijl andere steeds meer gaan verdienen. De redenering is dan: die persoon werkt keihard, heeft succes gehad, logisch dat we dat belonen. Ook omdat dat succes de hele afdeling in de nationale ranglijsten optilt.

Bob Goy heeft me nooit verteld wat ik moest doen, ik was nooit een verlengde van zijn werk. Hij heeft me de gelegenheid geboden precies te doen waar ik belangstelling voor had. In die tijd schreef ik mijn eerste boek, *Chimpanseepolitiek*, over macht en seks bij mensapen. Voor Bob was het geen probleem dat ik dat ernaast deed. Dat boek werd een bestseller. In Nederland had ik nooit kunnen bereiken wat ik hier heb opgebouwd.

Ik ben uit Wisconsin weggegaan omdat ik mijn eigen studenten wilde hebben en les wilde geven in plaats van puur als onderzoeker te opereren. Ik heb mijn studenten altijd aangemoedigd te doen waar ze zelf zin in hadden, omdat ik denk dat ze dan veel gemotiveerder zijn, en dus harder werken. Als ik bij het aantrekken van een aio de keuze heb uit zestig studenten en ik moet er eentje uit pikken, kijk ik altijd naar de motivatie; wat hebben ze uit zichzelf al gedaan aan dierenonderzoek? Sommige zijn naar

Afrika gegaan om bepaalde apen te bekijken, andere werken al drie jaar met olifanten. Dat vertelt me veel meer dan hun examencijfers en de aanbevelingsbrieven.

Motivatie is het allerbelangrijkst, dat maakt het grote verschil. We weten nu uit onderzoek dat cijfers weinig zeggen over het latere succes in een carrière; gedrevenheid wel. Dat moet aan mij te zien zijn geweest toen ik in Cambridge in 1976 optrad en dat moet de reden zijn geweest waarom Bob Goy me aansprak.

Frans de Waal (1948) is primatoloog, directeur van het Living Links Center, hoogleraar psychologie aan Emory University in Atlanta en aan de Universiteit Utrecht, en lid van de National Academy of Sciences, de American Academy of Arts and Sciences en de Koninklijke Nederlandse Akademie van Wetenschappen. Hij is auteur van onder meer de boeken *Een tijd voor empathie* en *Mama's laatste omhelzing*. Hij is getrouwd met Catherine Marin en woont in Atlanta.

Bestuursvoorzitter Stephanie Hottenhuis over uit eten gaan met haar leidinggevende

In april 2011 zei de bestuursvoorzitter van Arcadis, Harrie Noy: 'Ik kom naar Darmstadt, zullen we samen eten?' Ik dacht: hij doet een rondje buitenland.

Ik was CEO van Arcadis Duitsland, omzet 80 miljoen. Het was oorspronkelijk een turnaroundklus: het hoofdkantoor van Arcadis was niet tevreden over de resultaten, mijn taak was die te verbeteren. Ik ging daarnaartoe met het idee: hier moet je ingrijpen. Dat heeft altijd consequenties voor mensen, het is geen populariteitsklus. Je gaat vuile handen maken. Daarom is zo'n klus tijdelijk, misschien een jaar. Daarna ga je iets anders doen.

Maar dat liep anders, ik kon daar uitstekend aarden, ook mijn gezin verhuisde naar Darmstadt. Dus ik zit daar, alweer in mijn derde jaar, hartstikke happy, ik ben al bezig met de lange termijn, ik heb een managementteam gevormd, ik heb de Duitse gewoontes helemaal omarmd – in april begint het grillseizoen, iedereen gaat lekkere Duitse worstjes op de barbecue doen, ik doe helemaal mee –, en op dat moment komt Harrie Noy.

Ik zoek een mooi restaurant uit, want het gebeurt niet iedere dag dat de grote baas komt, en tijdens dat etentje zegt hij: 'Weet je, we zien in jou iemand met potentie voor de raad van bestuur, dat zou betekenen dat je terug naar Amsterdam moet verhuizen.'

In de chaos van gedachten en gevoelens die toen ontstond, reageerde ik zoals ik vrouwen altijd voorhield om níét te reageren. 'Waarom ik?' vroeg ik. 'Waarom vraag je dat aan mij?'

Ik was zesenveertig op dat moment, ik was andere vrouwen aan het coachen dat ze zich niet zo onzeker moesten opstellen. Je krijgt zo'n aanbod en dan vraag je aan degene die je zo'n glorieuze opportunity aanbiedt om jou te overtuigen dat je het kan. Dat werkt verwarrend. Mannen zeggen: 'Geweldig! Ik ben de beste man, ik zal je overtuigen. Waarom duurde het zo lang?' Maar ik vroeg: 'Wat moet je allemaal kunnen als je een bestuurder bent?'

Noy keek mij aan, en zei: 'Weet je, Stephanie, op een bepaald moment in je leven gaat leiderschap niet meer om wat je kan of om wat je weet, maar om wie je bent.'

Ik stond versteld. Harrie is een iconische bestuursvoorzitter, al achttien jaar in de raad van bestuur van Arcadis, twaalf jaar voorzitter. Hij heeft Arcadis internationaal groot gemaakt. Extern gefocust, altijd met de buitenwereld bezig: de medewerkers, de organisatie, de klanten, de samenleving.

Kijkend naar hem en naar de leiders die mij hebben geïnspireerd, kon ik feilloos het verschil aangeven tussen wie indrukwekkend zijn op dat niveau, en wie niet. Ze weten een hoop, kunnen een hoop, maar wie ze zijn, inspireert niet. Ik denk dat wij allemaal precies kunnen aanwijzen welke leidinggevenden ons tot prestaties aanzetten door wie ze waren, en welke niet.

Kun je inspireren, kunnen mensen jou vertrouwen? Heb je empathie? Heb je oog voor al je stakeholders? Voor mij is die authenticiteit een visie op leiderschap geworden waarin ik steeds nieuwe lagen ontdek.

Kijk, je bent klaar met je studie, je bent vers met kennis, en dan ga je ervaring opdoen. Je leert, je gaat patronen zien, je weet steeds meer. Je kan je visie, je strategie, je aanpak verversen. En dan kom je op een positie waarop heel veel mensen in de organisatie meer kunnen dan jij, en meer weten. Naarmate je positie hoger wordt, krijg je minder beslissingen op tafel, maar die hebben wel allemaal grotere gevolgen. Dus je beslist niet iedere dag over honderd dingen, maar de fouten die je kunt maken, zijn ernstiger.

De focus gaat dan van zelfontwikkeling naar de ontwikkeling van de anderen. Het gaat helemaal niet meer om jou, het gaat alleen nog om de performance van de organisatie. Dat betekent: je eigenbelang opgeven. Stoppen met zeggen: ík kan dit, ík weet dat. Egoïsme, positioneringsdrang, eigen plan eerst, mijn unit eerst: een dergelijke houding staat de prestatie van het collectief in de weg.

Ik interview mensen voor belangrijke jobs. In het verleden koos ik als commissaris ook leden voor de raad van bestuur. De vraag 'wie ben jij eigenlijk?' speelt voor mij altijd een rol. Oké, ik snap dat je cv geweldig is, ja, het is duidelijk, je wilt chef worden, je zegt dat je dit kunt en dat, maar ik wil weten: ben je in staat die energie ook in anderen over te brengen? In ánderen?

Je kunt mensen daarin coachen, en dan gaat het vooral over: laat de gerichtheid op jezelf los, open je blik, naar je team, je organisatie, je klanten, je aandeelhouders, de samenleving, toekomstige generaties. Egoïsme achterlaten kan heel bevrijdend zijn. Maar je moet wel in staat zijn dat daadwerkelijk te voelen. Dat is toch een kwestie van persoonlijkheid.

Ervaring speelt ook een rol. Wil je je ego kunnen loslaten, dan moet je het moment bereiken waarop je voor jezelf niks meer hoeft te bewijzen; pas dan kan het echt over anderen gaan. Dat betekent dat je al wel de nodige kilometers moet hebben gemaakt. Daarom zeg je niet tegen een dertigjarige: 'Leid dit enorme bedrijf, en succes ermee.'

Wat mij zo trof tijdens dat gesprek: met een paar woorden definieerde Harrie leiderschap, en daar zijn zoveel boeken over geschreven, daar zijn zoveel mensen op afgestudeerd en gepromoveerd. Harrie vatte het gewoon in een paar nuchtere woorden helemaal samen.

Dat was trouwens echt de laatste keer dat ik me zo onzeker opstelde tijdens een aanbod. In alle stappen daarna heb ik het uit mijn systeem gegooid. Als vrouwen nu zo reageren als ik ze met een mooie positie verras, zeg ik: 'Weet je, ik ga die discussie niet aan, je hebt een man, je hebt vrienden, bespreek het met hen. Ik wil gewoon een antwoord: wil je het of wil je het niet?'

Stephanie Hottenhuis (1965) is CEO en bestuursvoorzitter van KPMG Nederland. Ze is geboren als Stephanie Zoeva, in Bulgarije. Vanaf haar studietijd woont ze in Nederland. Ze is getrouwd met wiskundedocent Marcel Hottenhuis, die ze ontmoette tijdens haar studie in Engeland. Ze hebben samen twee zoons.

Actrice Nazmiye Oral over de publieke gesprekken met haar moeder

Het gesprek van mijn leven is het openbare gesprek met mijn moeder, Havva, in mijn voorstelling *Niet meer zonder jou*. Dat is hét gesprek over alles wat er tussen ons is gebeurd sinds mijn kindertijd, en hoe dat mijn leven heeft bepaald.

Mijn strenggelovige moeder en ik leefden op een permanent slagveld. Zij vertegenwoordigde de regels, ik was millimeter voor millimeter terrein aan het veroveren. Die oorlog bereikte een hoogtepunt toen ik tegen haar zei: 'Ik wil studeren in Arnhem en ik wil op kamers, want het gaat niet, heen en weer vanuit Hengelo.' Zij zei toen: 'Ik heb je vader gesproken,' – hij was in Turkije voor de olijvenoogst – 'en als je dat doet maken wij een einde aan ons leven.'

Dat ging zo alle perken te buiten dat ik in één klap het slagveld verliet. Ik dacht: waar gaat dit over? Ik wil geen drugs in mijn arm spuiten, ik wil alleen maar studeren. What the fuck?

Ik wilde mijn eigen weg gaan, maar ik weigerde me te laten vervreemden van mijn eigen gemeenschap. Ik zei tegen mijn moeder: 'Ik ga! Ik loop niet weg, maar ik ga met opgeheven hoofd. En het is aan jou hoe dat weggaan gaat verlopen. Of je keert je af, of je gedraagt je als mijn moeder en brengt mij zelf naar Arnhem.' Het was een T-splitsing en ze heeft mede dankzij mijn vader voor het laatste gekozen.

Mijn moeder is heel anders dan ik. Ze heeft een hoofddoek om, ze bidt vijf keer per dag, ze vindt dat ik niet goed leef, of in elk geval: zo zal zij het niet doen. In het theater maar ook in buurthuizen met gezinnen uit de wijkcultuur proberen zij en ik steeds opnieuw onze kloof te overbruggen door ons onophoudelijke gesprek. Avond na avond voeren wij samen een gesprek over alles waar wij vroeger in het gezin over zwegen.

Je denkt misschien: na vijftig keer hebben we dit gesprek toch wel gehad? Nee, de woorden zijn misschien hetzelfde, maar routine wordt het nooit. We zijn door dit gesprek nog steeds onze geschiedenis aan het herschrijven. Dit is het ultieme gesprek, dit is hét gesprek en het is pas klaar als je er niet meer bent. Het gaat over je laten zien aan iemand met wie je wellicht moeite hebt. Voor mij was dat mijn moeder, maar dit kan met iedereen: je geliefde, een ex-partner, een buurman.

Er zijn een paar regels voor dit gesprek. Een: je moet het echt willen. Je moet hebben nagedacht: wil ik in deze relatie investeren? Twee: ben je bereid te blijven? Fysiek, maar ook emotioneel? Dat laatste is moeilijk, want we checken vaak uit als het pijnlijk wordt. Ik doe soms alsof ik luister, maar ik ben dan eigenlijk vertrokken. Drie: probeer je te verschonen van alle rollen die je hebt. Als ik tegenover mijn moeder sta, probeer ik naar haar te kijken alsof ik haar niet ken. Daarmee geven we elkaar vrijheid. En vier: het gaat er niet om dat je de ander overtuigt. Het gaat er niet om dat de ander inziet dat hij of zij verkeerd denkt. Wij zijn niet bezig punten te scoren, niemand hoeft van het ene kamp naar het andere. Er is geen uitkomst. Het gaat om het gesprek zelf: je laten zien met alles wat je bent in het hier en nu.

Ik zeg eigenlijk steeds opnieuw tegen mijn moeder: wees getuige van mij, van alles wat ik ben. En als het je dan nog lukt niet van mij te houden, dan buig ik daar mijn hoofd voor, want dan heb ik daar vrede mee. Maar mijn ervaring is: als iemand zich heeft kunnen uitleggen, zijn gedachten, angsten en wensen, dan houd je van iemand. Ik voel dan menselijkheid, herkenning.

Het maakt uiteindelijk niet uit wie je tegenover je hebt, het gaat om de houding waarmee je zo'n gesprek voert. Het is heel moeilijk, al helemaal als de ander die houding niet heeft. Maar om een relatie goed te krijgen, heb je niet per se twee mensen nodig. We kunnen door zelfonderzoek veel doen. Ik had zoveel wantrouwen. Dat vechtende, in alles een gevecht zoeken: ik heb ontzettend moeten werken om dat te ontleren. Maar het gaat niet om hetzelfde terugkrijgen, het gaat om jouw leven tonen, jouw hart, jouw ruggengraat.

Dat ik dit kan oefenen te midden van het publiek is kwetsbaar, maar ik wilde een positie waarin ik niet weg kon lopen. Ik heb er mijn werk van gemaakt mij te verhouden tot een ander op een kwetsbare manier, omdat ik onze menselijkheid aan het onderzoeken ben.

Op een dag zei mijn moeder in de voorstelling: 'Ik wilde niet dat je naar Arnhem ging, omdat ik wist dat je je vleugels zou uitslaan en ik wilde je voor altijd bij me houden.' Toen snapte ik dat haar culturele regels smoesjes waren voor haar angst mij te verliezen. Wat daaronder zat, was niet een moeder die wilde dat ik netjes ging trouwen, nee, het was een moeder die het liefst had dat ik bij haar in de buurt zou blijven. Door dat te zeggen werd mijn moeder menselijk. Met een regels papegaaiende moeder kan ik niks. Dan denk ik: ben je zo bang voor het oordeel van anderen dat je de relatie met je dochter op het spel zet? Maar toen ze dit zo kwetsbaar en schaamtevol te midden van honderd vreemde mensen zei, begreep ik haar.

Mijn moeder heeft haar ouders verlaten door naar Nederland te komen. Daarna heeft ze een kind verloren. Eigenlijk twee, want het broertje na mij is door ziekte verstandelijk beperkt geraakt. Door haar eerlijkheid werd ze een mens met een levensverhaal. Toen kon ik zeggen: 'Maar ik ben er, mam, ik ben er. En waar ik ook ben, onze band is voor altijd.'

Gouden Kalf-winnaar Nazmiye Oral (1969) is actrice en schrijver. Ze speelde *Niet meer zonder jou* de afgelopen jaren op onder andere het Holland Festival en in New York. Oral is mede-oprichter van Adelheid+Zina, een theatercollectief gericht op de zachtmoedige confrontatie. Ze is verloofd met Marcel. Samen hebben ze vier kinderen.

Frank Elderson, directeur Europese Centrale Bank, over achter zijn nieuwe baas aan sprinten

Het sollicitatiegesprek met René Smits begon al toen ik door de bewaking van De Nederlandsche Bank was. Hij zei: 'We nemen de trap', en begon met twee treden tegelijk naar boven te hollen, terwijl hij me de eerste vragen stelde. Het is een stuk makkelijker om tijdens het hollen een vraag te stellen dan te beantwoorden. Tegen de tijd dat we bij de vierde verdieping waren, was ik buiten adem. Smits had me uitgenodigd voor het ontbijt, maar ik dacht: ik eet thuis vast wat, want ik krijg natuurlijk geen hap door mijn keel.

Ik was mijn werkzame leven begonnen als jurist in EU-mededingingsrecht voor Houthoff advocaten. Eind 1998, gestationeerd in Brussel, kreeg ik de opdracht iets uit te zoeken voor een grote klant: een Amerikaanse tabaksfabrikant die billboards neerzette met een cowboy en een ondergaande zon. De Europese Commissie wilde aan die advertenties paal en perk stellen en mij was gevraagd om te kijken of we dat proces konden rekken.

Soms zie je in Amerikaanse films zo'n jonge advocaat de hele nacht in een bibliotheek zitten studeren; dat was ik in Brussel. Om drie uur 's nachts had ik een ingeving waardoor die klant minstens een halfjaar langer kon blijven adverteren en in zo'n periode kun je een hoop sigaretten verkopen. Maar toen ik 's ochtends wakker werd, had ik een dubbel gevoel. Het was gaaf dat ik mijn vondst aan mijn baas kon gaan vertellen. Aan de andere kant: waar was ik mee bezig? Mijn vader was arts, mijn vrouw ook. Ik dacht: ik wil niet de rest van mijn leven werken voor grote tabaksfabrikanten, ik wil iets doen waar ik achter sta.

Intellectueel was de advocatuur fantastisch, maar het leven is meer dan alleen je hersens pijnigen. Waar zet je die hersens voor in? Ik ben bij mezelf nagegaan: wat drijft mij nu eigenlijk? Dat was heel sterk Europa.

Ik had tien jaar eerder als gymnasiast een eindexamenscriptie geschreven over de oorzaken van de Eerste Wereldoorlog. In 1913, het jaar voor de oorlog uitbrak, dachten ze nog dat een eeuw van vrede was aangebroken. De eerste vliegtuigen hadden gevlogen, er was radio, je kon telegraferen met elkaar en de wereld over varen. Een tijdperk van mogelijkheden lag aan hun voeten. Een jaar later begon de grootste slachting uit de geschiedenis van de mensheid en twee decennia later gebeurde het opnieuw.

Ik las dagboekfragmenten uit die tijd van mensen die even hoog waren opgeleid, naar dezelfde klassieke muziek luisterden, dezelfde Russische klassiekers lazen. Ik realiseerde me dat er beangstigend weinig verschil was tussen die tijd en de onze. Het enige verschil was dat wij de kennis hadden hoe verschrikkelijk het kon misgaan. En dat we instellingen hadden als de Europese Unie, de NAVO, het IMF, de VN. Al die internationale samenwerkingsverbanden waren er destijds niet en tegenwoordig wel. Ik wilde aan die samenwerking bijdragen, alleen wist ik niet goed hoe.

Mijn oog viel op een advertentie waarin DNB juristen zocht om de monetaire unie verder vorm te geven. Het was na 1 januari 1999, de euro was geboren. Je kon hem nog niet uit de flappentap halen, maar juridisch had hij het licht gezien. Het zou mooi zijn als ik daaraan kon bijdragen.

René Smits, juridisch directeur van DNB, kon in dat gesprek het werk voor Europa op een geweldige manier tastbaar maken. De Europese Centrale Bank in Frankfurt was net opgericht. Wim Duisenberg was de eerste Nederlander die daar, als president, in de directie zat. Smits zei: 'Je zult weleens op televisie hebben gezien hoe dat gaat daar aan die tafel in Europa. De directieleden van de ECB zitten verspreid rond die tafel tussen de directeuren van de nationale banken. Als jij hier komt werken, neem ik jou daar mee naartoe en word je lid van het *legal committee*.' En inderdaad: dat najaar al zat ik naast hem aan zo'n tafel. Het grappige is dat mijn huidige werkkamer twee verdiepingen van die tafel is verwijderd.

Smits vroeg me: 'Jij hebt vier jaar advocatuur gedaan en overweegt nu hier te komen werken; wat doe je eigenlijk over tien jaar?' 'Misschien heb ik dan wel uw baan,' antwoordde ik. Ik denk dat hij dat een beetje aanmatigend vond, want tijdens een kennismakingsgesprek met zijn twee adjuncts zei hij: 'Jij moet maar eens even vertellen aan deze collegae wat jij toen hebt gezegd.' Ik zei: 'Jaaaa, u vroeg geloof ik wat ik precies zou doen over vijftien jaar.' Ik dacht: ik maak het iets bescheidener. Maar hij onderbrak me en corrigeerde: 'Neeeee, het was niet vijftien jaar, het was tien!' Het bijzondere is, en zo gaat het dan soms in het leven, dat ik binnen tien jaar wel degelijk die rol had.

Ook het vertrouwen dat hij uitsprak, is me bijgebleven. Hij zei: 'Ik heb heel hoge verwachtingen van jou.' Daar heb ik later nog wel over nagedacht. Ik vatte het op als een aansporing, het leggen van de lat. Toen ik na de zomer begon, kende ik alle documentatie die hij me had meegegeven uit mijn hoofd.

De hele route die ik binnen DNB heb gevolgd tot waar ik nu ben en het feit dat ik, als ik dat vandaag de dag zou willen, weer even naar die plenaire zaal kan lopen en daar op diezelfde stoel kan gaan zitten, maakt dat gesprek met Smits wel heel bijzonder.

'Je bent helemaal gek geworden,' zeiden mijn advocatenvrienden. 'Het is een saaie boel daar!' Maar stel je voor wat voor een financiële crisis er had kunnen uitbreken als er tijdens deze pandemie geen Europese samenwerking was geweest en geen ECB. De kracht van Europa drijft mij eerlijk gezegd nog steeds.

Frank Elderson (1970) is directielid en vicevoorzitter van de raad van toezicht van de Europese Centrale Bank (ECB). Daarnaast is hij voorzitter van het Network of Central Banks and Supervisors for Greening the Financial System (NGFS). Elderson is getrouwd met een Spaanse, samen hebben ze twee kinderen.

Psychiater Dirk De Wachter over de conversatie met schrijver Michel Houellebecq

Niet lang voor de presentatie van mijn boek *Borderline times*, in 2011, kreeg ik een mail van een zekere m houellebecq, waarin stond: 'Monsieur de psychiater, het spijt me, maar ik kan niet naar uw boekvoorstelling komen. Het interesseert me bijzonder, maar ik verblijf in het buitenland.'

Ik keek rond waar de camera hing. Wie nam mij hier in het ootje? Men ontvangt geen mail van Michel Houellebecq. Houellebecq is een Franse schrijver die teruggetrokken leeft. Hij laat zich zelden tot een persoonlijk gesprek verleiden.

Het bleek dat mijn hoofdverpleegkundige hem een brief had gestuurd dat mijn boek zou uitkomen, dat hij daarin geciteerd werd, en dat het bijzonder zou zijn als hij daarover iets zou kunnen laten weten. Mijn boek *Borderline times* was ontvlamd door Houellebecqs *De wereld als markt en strijd*. Houellebecq is de ongelofelijke schrijver van de ledigheid, van de nietsheid. Dat is ook mijn thema, maar ik beschrijf het vanuit het idee 'hoe kunnen we daar iets tegenover stellen?'. Dat doet hij niet. Hij gooit die ledigheid in je gezicht.

Zodra ik wist dat het echt Houellebecq was, stuurde ik hem een mail dat we elkaar wellicht eens zouden kunnen ontmoeten. Tot mijn verbazing antwoordde hij: 'Niemand weet het, maar ik woon tegenwoordig in Parijs, misschien is het goed dat u langskomt?'

Op de dag zelf was ik zeer verkouden. Ik zei tegen mijn vrouw: 'Dat is toch wel godgeklaagd, nu heb ik eindelijk het gesprek van mijn leven en nu voel ik me ziek, het lot kan toch wreedaardig zijn.' Mijn vrouw zei: 'Wat is er beter in de ontmoeting met Michel Houellebecq, de profeet van het lastige leven, *the grocer of despair*, dan om je ziek te voelen? Dat klopt toch helemaal?'

Ik nam nog een paracetamol en ging zenuwachtig op weg. Ik dacht: hoe zal dat worden met die man, hij heeft geen imago van gastvrijheid. Ik begaf me naar het Parijse Chinatown want daar speelde onze ontmoeting zich af, de wijk van de Chinese massagesalons, *very* Houellebecq. Ik moest daar zijn bij een groot betonblok, lelijk, onpersoonlijk, en nu moet ik even zeggen: ik heb een ernstige links-rechtsverwarring. Hij had gezegd: 'Als u uit de lift komt, neemt u de eerste deur rechts', dus ik kom uit de lift en neem de eerste deur links. Ik bel aan; niemand, ik ga efkes wandelen, bel nog 's aan, ik luister aan de deur, misschien ligt hij stomdronken in de gang, niets. Ik denk: ach, het was ook te mooi om waar te zijn. Ik sta voor de lift, en ik denk: links, rechts... Nee, het is die andere deur! Ik bel aan, haast onmiddellijk gaat de deur open, en uit die deur komt een walm van rook. Ik heb nog nooit zo'n walm gezien, het was alsof ik in de hel stapte. Uit die rook stapt een kleine lelijke man, blote voeten in sloffen, fris gewassen. Hij is bijzonder vriendelijk, hij zegt: 'Kom binnen, kom binnen.'

Ik volg hem naar een kaal appartement, niks aan de muur, een bijna lege boekenkast, en een reuzen-tv waarop een voetbalwedstrijd speelt. Hij zegt: 'Gaat u zitten, glaasje wijn?' 'Jazeker, dank u.' Goedkope Spaanse wijn. Ik denk: o nee, ik ben zo verkouden als wat, die wijn! En die sigarettenrook! Maar ik doe mijn best. Op de achtergrond zie ik een zeer, zéér jonge dame schuifelen – zijn toenmalige vriendin.

Houellebecq wil een film maken over de psychiatrie. Hij zoekt een psychiater die hem daarmee kan helpen, maar die niet uit de directe omgeving van Parijs komt. De regisseur van die film komt later ook langs.

We spreken aangenaam. Houellebecq is een man die zelf ook wat opnames heeft gekend. Hij schrijft vanuit de duisternis, vanuit het wanhopige, vanuit de verschrikking. Hij is voor mensen in die wanhoop een inspiratie en een houvast, een spoor in het overleven.

Deze verschrikking is ook mijn inspiratie, maar ik kom van de andere kant, ik ben psychiater. Ik ben de man die in het licht staat. *I greet you from the other side of sorrow and despair.* Dat is een citaat van Leonard Cohen, mijn andere compagnon de route. Ik probeer in die duisternis barsten te vinden.

Ik kijk op mijn horloge, het is inmiddels 18.00 uur, ik denk: ik ben al twee uur in gesprek met de bekendste schrijver van Frankrijk, een van de bekendste schrijvers ter wereld. Ik zeg: 'Ik kan u niet langer ophouden', maar hij zegt: 'U blijft toch zeker eten?' Ondertussen hoor ik in de keuken gerommel; *la petite amie* is daar blijkbaar volop aan het koken, nu in een gouden jurkje, ik heb nog nooit zo'n kort jurkje gezien, gênant kort. Ik denk: het wordt hier wel very Houellebecq allemaal. Er was inmiddels al heel wat rode wijn gepasseerd.

We gaan aan tafel, daar komt uit dat keukentje een diner aan van vijf gangen – met foie gras, met de meest exquise spijzen, dat meiske had haar best gedaan. Houellebecq laat zich gaan, hij uit zich zeer houellebecqiaans over zijn schrijverscollega's. Hij is in vorm. Ik doe mijn best te eten, al die paracetamol, de drank, de rook, die spijzen, na het diner nog de chocolademousse, calvados. '*Où est ce calvados?!*' Die vriendin had de calvados kennelijk een beetje voor hem verborgen. Hij schenkt zichzelf goed in, ik bescherm mijn glas, ik zeg: '*Oh là là, excusez moi!*' Nu begint hij een beetje te lallen en ik zeg tegen de regisseur: 'Nu moeten we wel vertrekken.' We nemen plezierig afscheid, we pakken onze jas, hij gaat mee tot aan de lift, hij zwaait, de liftdeuren gaan toe, voilà!

Mijn boek *Borderline times* was het begin van mijn mediabestaan, het gaf mij een leven als psychologisch expert op tv, op de radio, in kranten en bladen. Ik werd een halve rockster, met alle voor- en nadelen van dien. Dat ik zo onthaald werd door de man die dit leven ontvlamde, heeft me zeer gesteund.

Dirk De Wachter (1960) is een Vlaamse psychiater en hoogleraar. Hij is auteur van de bestsellers *Borderline times* en *De kunst van het ongelukkig zijn*. Hij woont in Antwerpen en is getrouwd met Karin, die huisarts is. Samen hebben ze drie volwassen kinderen en een kleinkind.

Marjan Rintel, president-directeur NS, over de woorden van een coach

Het was september 2001, ik was op een managementleergang van KLM voor jonge leidinggevenden, op buitenplaats De Hoorneboeg, in Hilversum. Ik was begin dertig, had net mijn eerste kind.

Een van de begeleiders was Anja van Servellen, een zachte vrouw maar wel iemand die van drie kilometer afstand de vinger op pijnlijke plekken kon leggen. Het was warm, we zaten buiten. Ik weet de details van dat gesprek nog zo goed doordat het de ochtend van 9/11 was.

Ik vertelde Anja over een casus waarin ik vastliep: ik wilde iets veranderen, maar anderen stonden tot mijn irritatie op de rem. Ik hoor het me nog roepen: 'Maar dat is toch logisch! Dit is toch gewoon in het bedrijfsbelang?!'

Ik was een operationeel leidinggevende bij passenger services toen. Ik stuurde 1500 à 2000 medewerkers van het grondpersoneel aan; voornamelijk grondstewardessen. Ik was vrij stellig en kordaat, resultaatgericht, altijd bezig met de volgende stap; ik wilde verbeteringen en ik wilde het snel. En daardoor liep ik tegen muren op. Dat maken ambitieuze mensen vaker mee. Je wilt een organisatie voorbereiden op de toekomst, maar het is voor mensen niet altijd makkelijk om mee te veranderen.

Anja zei: 'Gelijk hebben en gelijk krijgen zijn twee heel verschillende dingen. Het is belangrijk voor je ontwikkeling dat je leert de tijd te nemen om met oprechte interesse te luisteren naar andere belanghebbenden, en vanuit andere perspectieven te denken.' Ze zei: 'Je moet leren niet meteen naar de oplossing te gaan, maar de dilemma's die er liggen met elkaar te bespreken. Daardoor zie je dat er meer wegen zijn. Dat geeft je meer vrijheid om te kiezen.' Anja hield me ook voor dat het er uiteindelijk om gaat je einddoel te behalen samen met de mensen om je heen. Dat het niet gaat om je persoonlijke gelijk, maar om het gezamenlijke gelijk.

Het persoonlijke gelijk kunnen overstijgen is een les geweest waar ik in mijn loopbaan veel aan gehad heb. Ik denk er dagelijks aan terug, ook nu. Ik ben in oktober in coronatijd begonnen als president-directeur bij NS. We gaan door de diepste crisis ooit. Ons doel is financieel gezond te zijn in 2024-2025, maar we lopen hierbij tegen een paar grote dilemma's aan. We willen de reizigers terug, maar we willen ook een veilige, niet te drukke reisomgeving bieden. We willen een maatschappelijk goede werkgever zijn, maar er zullen ook arbeidsplaatsen verdwijnen. We moeten naast besparen ook investeren, want openbaar vervoer is noodzakelijk om Nederland duurzaam bereikbaar te houden. NS heeft een rol in het oplossen van grote problemen zoals woningnood en klimaat. Dus moeten we NS ook voor volgende generaties levensvatbaar houden.

Dat stelt ons voor een gezamenlijke opgave. We zijn met alle belanghebbende partijen al maanden alle dilemma's aan het bespreken. Door het delen van dilemma's heb je nog niet direct de oplossingen, en neem je dus de tijd je een beeld te vormen vanuit diverse invalshoeken. Je moet dan wel kunnen meebewegen. Als je luistert en vervolgens gewoon doet wat je al van plan was, wordt het een trucje.

Je hebt een punt op de horizon, en daar wil je naartoe, en dan moet je bereid zijn een beetje links of rechts van dat punt terecht te komen. Wat me is bijgebleven uit het gesprek met Anja, is de tijd durven nemen hiervoor. 'De snelste weg naar een oplossing is zelden een rechte lijn,' zei ze. 'Investeren zit aan het begin: in luisteren, afstemmen, en daarmee tot een breed gedragen oplossing komen.' Dat leer je als resultaatgerichte leidinggevende natuurlijk niet in één keer, dat gaat met vallen en opstaan.

Als je openstaat voor andermans ideeën, zul je soms meer inleveren dan je wilt. Ik zie leidinggevenden daardoor weleens gefrustreerd raken. Ik denk altijd, als ik daarnaar kijk: de enige die daar last van heeft ben je zelf. Je moet ook af en toe dingen kunnen accepteren zoals ze zijn. Gelukkig zijn betekent je souplesse kunnen behouden. Ook dat hield Anja me in dat gesprek voor: om niet te blijven hangen in mijn negatieve gevoelens.

Die wendbaarheid oefen ik bewust. Ik onderzoek regelmatig: blijf ik nou ergens in steken of kan ik er weer uit stappen en doorgaan? Ik doe veel aan persoonlijke ontwikkeling om me daar fris in te houden. Zeker in mijn huidige positie is het belangrijk dat er mensen in mijn omgeving zijn met wie ik die dilemma's kan delen, en die eerlijk tegen me durven zijn. Aan wie ik kan vragen: 'Goh, ik loop hiertegenaan, hoe zal ik dat aanpakken? Vind je dat de goede manier?' Dat zijn de leergesprekken die ik nog steeds voer, met vrienden, maar ik spreek ook geregeld CEO's van andere bedrijven. Ook ben ik steeds meer rust en tijd gaan nemen voor reflectie omdat ik zie dat het nodig is om in alle dimensies van leiderschap fit te blijven. In de loop der jaren ben ik daarin wel 'ronder' geworden.

Ik was het gesprek met Anja nog niet uit of ik werd gebeld door de KLM-wachtdienst. Ik weet nog dat ik in shock terugkwam bij de groep, en zei: 'Ik moet terug naar Schiphol want er zijn twee toestellen in de Twin Towers gevlogen.' Ik ben een paar dagen niet thuisgekomen. Het vliegverkeer was gestopt, er waren honderdduizend gestrande reizigers, die we overal in Nederland probeerden onder te brengen. We brachten Amerikanen, Israëli en Palestijnen samen onder in asielzoekerscentra. Daar ontstond een mooie verbroedering, ondanks de tegenstellingen.

In zo'n crisissituatie is wendbaarheid het allerbelangrijkste. Het zette Anja's woorden over 'er gezamenlijk uit komen' meteen op scherp.

Marjan Rintel (1967) is president-directeur van de NS. Ze zit in de raad van toezicht van de Nederlandse Loterij en is bestuurslid bij het Hermitage Museum in Amsterdam. Rintel heeft een zoon en een dochter.

Tuinarchitect Piet Oudolf over een belletje uit Chicago

Op een middag in juli 2000 ging de telefoon. Anja, mijn vrouw, nam op; zij doet altijd de communicatieve zaken. Ze zei: 'Een meneer uit Amerika wil je spreken.'

Kort daarvoor had ik via fax een uitnodiging gekregen om mee te doen aan de competitie voor de aanleg van de Lurie Garden, een tuin van 1,2 hectare in het Millennium Park in Chicago. Of ik acht voorbeelden van mijn werk kon sturen. Ik zag dat ze nog twaalf bureaus hadden benaderd, dus ik reageerde niet.

Ed Uhlir aan de lijn, projectleider. Waarom ik niet antwoordde? Ik zei: 'Ik zie hier een aantal namen van wie ik het wat architectuur betreft niet kan winnen. Als ik weet dat ik ga verliezen, doe ik sowieso niet mee. Maar,' zei ik, 'ik kan ze wel allemaal verslaan met de beplanting.' Toen zei Uhlir: 'Waarom zoek je niet de samenwerking met een van de landschapsarchitecten, die je beplanting met hun architectuur kunnen aanvullen?'

Toen ik ophing, herinnerde ik me een moment van een paar jaar eerder. Op een dag was ik uitgenodigd om te spreken aan een Zweedse universiteit. Ik had nog nooit een lezing gegeven, laat staan in het Engels. Ik zat te wikken en wegen, en ik weet nog dat ik tegen Anja zei: 'Als ik het niet doe, zal er ook nooit iets gebeuren, dan zit ik vast in mijn routine. Als ik hier geen ja op zeg, is dit het einde van de rit. Dan sta ik hier stil.'

Ik besloot Kathryn Gustafson te bellen, een landschapsarchitect uit Seattle: of ze samen een voorstel wilde indienen. Ik het beplantingsontwerp, zij en haar partners de architectuur. Dat vond ze een goed idee.

Ik ontwierp een tuin die door alle seizoenen heen interessant zou blijven, waarin de levenscyclus van de planten goed zichtbaar zou zijn. Voor mij is het skelet van planten even mooi als de bloei ervan. We presenteerden het plan in een hoge toren in Chicago, op een vreemd mistige, winterse dag. Na afloop hoorden we dat we hadden gewonnen.

Ik was in de jaren negentig internationaal bekend geworden door het boek *Droomplanten*, dat ik met Henk Gerritsen had gemaakt. Dat ging over een nieuwe generatie tuinplanten: planten die destijds ondergewaardeerd werden. Wat mensen maakten in die tijd was simpel: wat bomen, wat heesters. Het dynamische aspect van beplantingen die door de seizoenen heen hun bewegingen hebben van opkomen, bloeien en langzaam afsterven, dat wilden wij uitdragen.

Parken die alleen uit gras, bomen en stoepen bestaan bieden ons jaarlijks maar een paar verschillende scènes, maar bloeiende vaste planten en decoratieve grassen die met de seizoenen mee veranderen zorgen voor een kunstwerk dat het hele jaar door boeit. Door naar tuinen te kijken zie je ook dat het leven aan je voorbijtrekt: van geboorte tot dood en alles wat ermee samenhangt.

Als ik eenmaal enthousiast ben, sluit ik me af voor alles wat moeilijk zou kunnen worden. Toen ik in 1981 met mijn gezin naar Hummelo ging, en alles in Haarlem opdoekte, om met niks in de Achterhoek een kwekerij te beginnen, wilde ik niet stilstaan bij de obstakels. Dat had ik ook bij complexe projecten als de High Line of de Gardens of Remembrance in Manhattan, het stadspark ter nagedachtenis aan de slachtoffers van 9/11. Het geloof en de wil winnen het dan van de zorgen.

Het telefonische voorstel van Uhlir was het begin van mijn werk in Amerika. Het heeft me vanuit de plantliefhebberij veel vriendschappen gebracht; botanici, ecologen, kwekers. Mensen van wie ik iets kan leren. Dat netwerk van gelijkgestemden is belangrijk voor me, we hebben een gedrevenheid gemeen die toch net iets meer is dan gemiddeld; we zijn allemaal op een positieve manier een beetje bezeten van wat we doen. Dat vind ik interessant, met die mensen kan ik communiceren.

Ik ben nadien regelmatig bij Uhlir thuis geweest. Dat telefoongesprek werd een beetje anekdotisch, dat snap je. Het zijn soms maar korte gesprekken die zo'n wending aan je leven geven. Van die momenten die typerend zijn voor de rest van het verloop. Dit was een midlifemoment. Ik was toch al ver in de vijftig toen dat allemaal gebeurde.

Mijn carrière heeft veel tijd nodig gehad om tot het punt te komen dat ik dergelijke projecten aan kon gaan. En ik worstel nog steeds. Verdomme, hoe moet ik dát nou weer in elkaar zetten? Ik hoef mezelf niet steeds te overtreffen, maar je wilt niet dat mensen zeggen: het ziet er allemaal weer hetzelfde uit. Ik probeer iedere plek een eigen identiteit te geven.

Het wordt eerder moeilijker dan makkelijker, want de mogelijkheden worden door de toename van kennis alleen maar groter. En het duurt eerder langer dan korter, doordat ik preciezer ben geworden. Het blijft sleutelen tot het eind, bij sommige beplantingen is het laatste puzzelstukje heel belangrijk, de manier waarop je die laatste paar groepen plaatst kan net zorgen voor de flow in de compositie.

De wereld van de planten wordt alleen maar complexer. Het mysterie ervan raakt me nog steeds. Ik kan vandaag de tuin in lopen en niks voelen, het kan gewoon vervelend weer zijn of de zon schijnt te fel. En de volgende dag kom ik erin en dan is het totale mystiek. Al die elementen: beetje mistig, koel, alles is net over zijn top van de bloei heen, het kan stromen, het kan waaien; het doet me nog steeds wat, terwijl ik die planten al tig jaar ken.

Piet Oudolf (1944) is tuinarchitect. Tot zijn ontwerpen behoren het Millennium Park in Chicago, The Battery Park en de High Line in New York en de tuin van restaurant Noma in Kopenhagen. In Nederland maakte hij onder meer de tuinen van Paleis Huis ten Bosch en Museum Voorlinden. Oudolf woont in Hummelo, met zijn vrouw Anja. Ze hebben twee kinderen.

Frans Muller, bestuursvoorzitter van Ahold Delhaize, over zijn telefoongesprek met een Japanse collega

Op 11 maart 2011 overspoelde een tsunami de kerncentrale Fukushima in Okuma, Japan. Er hing een nucleaire wolk boven het gebied, slechts 200 kilometer verwijderd van Tokio, waar onze winkels stonden. Ik was toen CEO van Metro Cash & Carry, een internationaal groothandelsbedrijf met vestigingen in 27 landen.

Ik had in Oekraïne gewerkt en de verschrikkelijke gevolgen gezien van Tsjernobyl een paar jaar na de kernramp. Nu volgden wij op het hoofdkantoor in Düsseldorf alle nieuwskanalen om te zien waar die wolk naartoe ging. Ging hij naar China of naar Tokio?

We hadden al evacuatieplannen gemaakt zodat we onze mensen in Tokio naar Osaka konden brengen. Het is daarnaast bekend dat je je tegen straling kunt beschermen door de schildklier te verzadigen met jodium. We hadden ook aan de oostkust van China grote winkels, en daar hadden Chinezen in paniek al het keukenzout opgekocht, maar dat bleek de verkeerde zoutoplossing. Ik ben zelf hard gaan zoeken naar jodiumtabletten. Die heb ik via via, met veel omwegen, kunnen vinden. Ik heb voor onze 2000 mensen in Japan, medewerkers en hun gezinnen, die tabletten gekocht.

Het was een oefening met tijdsdruk gezien de dreigende besmettingen. Je moet ze eerst met spoed in het vliegtuig zien te krijgen, en dan nog door de douane heen, en die is heel precies in Japan. Er werden daar regelmatig zendingen geweigerd omdat de declaraties niet klopten, dus we moesten dat snel en met ervaren specialisten doen.

Ik schreef de country manager, Ishida-san: 'We willen je team helpen met jodiumtabletten, de zending is onderweg, laat even wat horen als-ie is aangekomen.' De volgende dag belde hij op. Hij zei: 'De zending is aangekomen, bijzonder dat jullie aan ons hebben gedacht, veel dank voor je interventie, die wordt zeer gewaardeerd. Maar ik kan deze zending helaas niet aannemen.' 'Niet aannemen?' vroeg ik. 'Waarom niet? Het is toch superbeschermend voor je mensen en hun gezinnen?' Hij zei: 'Het kan niet, want dan zouden wij ons als firma niet gelijk scharen met de gemeenschap hier en dat past niet bij onze waarden en normen. Ik heb de zending overgedragen aan de overheid en die kan voor de verdeling zorg dragen zoals haar goeddunkt.'

Dat was voor mij een eyeopener. Ishida-san dacht eerst aan zijn gemeenschap en zette zijn respect voor de hiërarchie opzij; wat hij vanuit de leiding had aangeboden gekregen, schoof hij door naar de overheid. Ik antwoordde dat ik het knap vond hoe hij daarover dacht. Dat hij bereid was de veiligheid van zijn medewerkers en hun gezinnen ondergeschikt te maken aan de gemeenschap.

Ik had er respect voor dat deze Japanse collega zich door zo'n nucleaire crisis niet van de wijs liet brengen. Wat is nou belangrijker voor een goed bedrijf, voor een goede leider, dan dat de waarden en normen overeind blijven?

Bij de fusie tussen Ahold en Delhaize, in 2016, hebben wij eerst over onze waarden gesproken. We wisten dat we bij elkaar pasten, maar vonden dat we eerst samen moesten vaststellen wat ons bond. Bij ons gaat het dan in de eerste plaats over care: zorg, dat je elkaar in de gaten houdt. Want 7000 winkels betekent 7000 gemeenschappen.

Dat gesprek met Ishida-san heeft me aan het denken gezet. Ik had al ruim twintig jaar ervaring in Azië, Rusland en Europa, ik dacht dat ik gevoel had gekregen voor culturele verschillen, maar dit verraste me. Je denkt vanuit je westerse perspectief: ik kan hier handelen, maar dat is vaak vanuit je eigen waardenpatroon; in dit geval denken in acties en oplossingen. Het heeft me geleerd wat vaker te vragen: hoe kan ik jou hier helpen? Wat past bij jullie?

Ik heb drie zoons, die door mijn werk in het buitenland op internationale scholen hebben gezeten, vaak met zestig nationaliteiten. Zij zouden dit al anders hebben opgelost, zij hebben al minder last van die *unconscious bias*.

Ahold Delhaize heeft meer dan 400.000 medewerkers. Ik heb geleerd: als er iets gebeurt, neem dan eerst contact op met de lokale mensen. Enkele jaren geleden kreeg een personeelsbusje op weg naar Boekarest een vreselijk ongeluk. In één keer verloor een boerendorp acht moeders, acht kostwinners. Normaal gesproken zou mijn reflex geweest zijn om met leidinggevenden in Nederland in het vliegtuig te stappen: wij gaan ernaartoe, kijken wat we kunnen doen. Nu vroegen we aan de baas daar: 'Hoe kunnen we jullie ondersteunen?' Hij zei: 'Op veel manieren, maar kom hier alsjeblieft niet naartoe, want deze mensen worden overdonderd als ze die mensen in pakken zien.'

Dat actiegerichte hoort natuurlijk ook bij mijn baan. Doordat je de hele week op die manier bezig bent, ga je weleens te snel interpreteren, denk je dat je weet hoe het zit. Dat geldt ook voor je privéleven: je bent de hele dag bezig en in zo'n actiemodus rol je zo je avond of je weekend in. Ik heb echt moeten inzien: als ik wat vaker zou vragen hoe dingen gevoeld worden, komen we samen tot een beter resultaat. Wat meer open vragen stellen. Ik weet dat mijn vrouw het op prijs stelt dat ik tegenwoordig vaker vraag: hoe zou jij dit doen? Had ik dat, eerder, bij Ishida-san gedaan, dan hadden we het anders aangepakt.

De nucleaire wolk is gelukkig nooit in Tokio aangekomen, maar onderweg opgelost. Ik denk dat ik zelf destijds die tabletten geaccepteerd had als ik ze tijdens een kernramp opgestuurd had gekregen; je wilt je mensen en hun gezinnen toch beschermen. Nu zou ik daar nog eens over nadenken.

Frans Muller (1961) is sinds 2018 voorzitter van de raad van bestuur van het Nederlands-Belgische bedrijf Ahold Delhaize. Hij is voorzitter van de raad van commissarissen van Vlerick Business School en zit in de board of directors van het Consumer Goods Forum (CGF). Hij is getrouwd met Maaike, samen hebben ze drie zoons.

Henk van der Meulen, directeur Koninklijk Conservatorium Den Haag, over zijn bezoek aan componist John Cage

Het was 1974, ik was negentien. Ik componeerde al vanaf mijn tiende, en wilde dat ook professioneel gaan doen, maar het had voor mij zo'n gewicht, dat componist zijn. De canon van de Europese muziekgeschiedenis, Mozart, Bach, Beethoven, Stravinsky, Schönberg, maakte me onzeker.

De ambitie van de muziek was na de Tweede Wereldoorlog enorm: je had de notie dat je na Auschwitz eigenlijk geen klassieke muziek meer kon maken. Componisten vonden dat ze de mensheid vooruit moesten helpen door de muziek opnieuw uit te vinden. Ik wilde vanuit een innerlijke drang als jonge musicus gewoon iets maken, maar voelde me bedrukt door die historische ambitie en pretentie.

Ondertussen groeide mijn belangstelling voor Amerika. Daar kwam de jazz vandaan, muziek mocht daar licht zijn. Ik las de boeken van componist John Cage, mooi vormgegeven met allemaal kleine verhaaltjes. Cage dacht niet over muziek in historische termen maar in termen van geluid en stilte, veel abstracter. Voor Cage kon het geluid van een voorbijrijdende auto net zoveel in zich hebben als een Beethoven-symfonie. Als je zo over muziek denkt, kan elk moment van de dag een muziekstuk zijn. Dat was voor mij een openbaring. Dat haalde de psychologische klem of ik wel goed genoeg was weg.

Ik had in een van Cages boeken gelezen dat hij het een vorm van twintigste-eeuwse etiquette vond om als kunstenaar in het telefoonboek te staan. Ik wist dat hij in New York woonde. Ik wist zelfs in welke straat: Bank Street, in Greenwich Village. Dus ik dacht: ik ga naar Amerika en bel hem op. Ik had een pakketje partituren bij me en casettebandjes met muziek; een portfolio van een jonge componist.

Ik logeerde in een goedkoop hotel op Washington Square, vol herrie en geweld. Op een hoek van West 13th Street stond een telefooncel. Ik keek in het telefoonboek bij de C, en ja hoor, daar stond-ie. Hij nam op. '*Hello?*' Een mooie lichte stem. Ik zei: 'Ik ben een jonge componist uit Nederland en zou u graag ontmoeten.' 'Waar ben je?' vroeg hij. En toen ik dat verteld had: 'Ik woon vlakbij. *Why don't you come right over?*'

Die eerste sessie duurde twee, drie uur. We praatten over muziek, hij keek mijn partituren door. Zijn spreektrant herkende ik uit zijn boeken. Hetzelfde soort verhaaltjes; het ene moment ging het over muziek, het andere over schaken, het volgende over Marcel Duchamp, daarna over paddenstoelen en hoe je die kunt eten, dan weer over zenboeddhisme.

Het was bloedheet, het was zomer. Hij had een tafelventilator op mijn gezicht gezet omdat ik nogal bezweet aankwam. Toen het gesprek afliep zei hij: 'Misschien is het tijd dat je gaat, maar wellicht kun je morgen om 14.00 uur terugkomen?' Dat was het begin van een dagelijkse ontmoeting, een paar weken lang, waarin ik steeds een ander tijdstip kreeg; de ene keer om tien uur 's ochtends, de andere keer 's middags.

Ik werd onderdeel van zijn dagritme, een beetje zoals dat in Indiase ashrams gaat, waar je het leven deelt van de goeroe bij wie je in de leer bent. Soms kwam ik binnen en was hij aan het koken, macrobiotisch, en zei hij: help even snijden, of hij was bezig met een compositie – die baseerde hij vaak op kansberekeningen – en dan noteerde ik getalletjes. Er kwamen ook mensen langs: kunstenaars als Jasper Johns, Robert Rauschenberg, componist Earle Brown, choreograaf Merce Cunningham. Het huis stond vol met grote cactussen en tropische planten. Het was een soort tempel.

Cage betrok mij in een nieuw discours over muziek. Filosofische lessen, onbetaalbaar. Ik denk niet dat ik dit bij een van de grote Europese componisten had kunnen vinden, dan was het meteen over techniek gegaan, en hoe je de dingen doet. Muziek was voor hem alles wat je als muziek zou kunnen beschouwen. Het was de luisteraar die bepaalde wat muziek was, niet de componist. 4'33" is een beroemd stuk van hem. Dat is 4 minuten en 33 seconden stilte. Al het geluid dat je in die stilte hoort, is het muziekstuk. Soms voerde hij dat thuis voor vrienden uit. Het heeft drie delen. Voor het eerste deel deed hij dan het raam aan de rechterzijde van het appartement open, voor het tweede het linkerraam. Ik herinner me dat iemand hem eens vroeg: 'Als alle geluid dat we horen muziek is, waarom zouden we dan nog componeren?' 'Om dát te vieren,' antwoordde Cage.

Voor mij was het hele traject een bevrijding. Daarna dacht ik: ik kan gewoon schrijven waar ik zin in heb. Wat maakt het uit of ik een goede componist ben in de historische zin van het woord? Die zinnetjes van hem klinken nog door. Als ik zie: hier loopt het vast – tijdens het componeren, op het conservatorium, in het leven zelf –, kan ik denken: ho, laten we een stap achteruit doen en gewoon eens kijken. Dan hoor ik Cages woorden: 'Het is allemaal maar geluid.'

In de daaropvolgende jaren ben ik nog twee keer een wekenlange periode dagelijks bij hem op bezoek geweest. Ik denk dat wel een rol speelde dat hij mij een aantrekkelijke, slimme jongen vond, maar hij heeft nooit avances gemaakt. Misschien vond hij het leuk om te oefenen op iemand die zo nieuwsgierig was. Om de dingen die hij zelf allemaal al wist voor een deel te herschikken, om die opnieuw een functie te geven in een dialoog met een jong persoon.

Als we het hebben over de conversatie van mijn leven was dat natuurlijk deze ontmoeting en het vervolg daarvan. Alles besloten in dat ene kleine zinnetje: 'Why don't you come over?' Een zinnetje dat me uitnodigde een stap te wagen die me uiteindelijk zowel richting als vrijheid gaf.

Henk van der Meulen (1955) is componist en directeur van het Koninklijk Conservatorium in Den Haag. Hij is bestuurslid van IMZ International Music + Media Centre, Tomoko Mukaiyama Foundation en Stichting Nederlands Muziek Instituut. Hij heeft twee kinderen en een kleindochter.

Zangeres Wende Snijders over in gesprek gaan met de natuur

In de zomer van 2019 heb ik in het zuiden van Frankrijk een zogenoemde *vision quest* gedaan. Dat is een oud ritueel, waarbij je een paar dagen alleen de wildernis in trekt om helder te krijgen wat je te doen staat in het leven. Ik was veertig geworden, stond aan het begin van een nieuw project en wilde daar op deze manier het startschot voor geven.

Ik had net mijn show *Mens* achter de rug, dat was een enorm succes geweest. Je wilt het liefst als een kind aan de rokken van dat succes blijven hangen, maar dat kan niet. Bij elke nieuwe levensfase hoort een andere creatie.

Ik kan niet zo even een nieuwe show maken, dat is voor mij een diepgaande ervaring. Ik moet de vorige begraven om de volgende aan te gaan. Ik hoopte in Frankrijk uit te vinden welke richting ik op moest.

Begin juli ging ik na een voorbereidingstraject met de begeleider de berg op. Het was bij Alauzet, in de buurt van Montpellier. Ik moest zelf op intuïtie een plek zoeken, en toen ging ze weg. Het was op de top van de berg, een plateau met bomen en rotsen. Daar ben ik drie dagen en drie nachten gebleven. Geen telefoon, geen klok, geen boeken, niks. Alleen een slaapzakje, dat tussen de bomen hing. Doordat ik alleen water dronk en niets at – dat is onderdeel van de ervaring –, ging ik een beetje hallucineren.

Alles wat je hebt daar is de natuur, die constant in gesprek is met jou. Door de stand van de zon, de wind in de bomen, de mieren op de grond, het geluid van vogels en bijen als de zon opkomt, de regen. Beneden zag ik de rivier groen door het dal stromen.

Ik kan veel beter horen in stilte dan in de blabla; met spreken wordt vaak ook veel verhuld. Gesprekken met woorden geven mij soms helemaal geen informatie over wat er gebeurt, over wat het leven is, over wat ik moet leren. Vaak zit de echte kennis in dat wat in stilte op mij afkomt.

'Stilte' is eigenlijk niet het goede woord. Het is eerder 'het wegvallen van ruis', waardoor je hoort wat er gezegd wordt. Alles vibreert natuurlijk van het leven, alles is constant in beweging, tegelijk lieflijk en doodeng.

De natuur toonde zich in al haar complexe heftigheid. Ik zag op die berg het onweer dichterbij komen en wist: als de natuur geen zin meer in mij heeft, ben ik met een kleine windvlaag zo van de wereld af geblazen. En toch leek het niet zinloos. Al die krachten leken uiteindelijk ergens toe te dienen, namelijk het voortbestaan van de aarde. Misschien dat ik daardoor zo sterk voelde: ik kan in die onvoorspelbaarheid recht overeind blijven. Ik dacht: ik kan straks kanker krijgen, net als mijn vader, maar binnen dat gegeven kan ik mij nog steeds vrij bewegen.

We willen niets liever dan zeker zijn van onze zaak, daar geven we alles voor. We vernielen voor die zekerheden, we vermoorden elkaar ervoor. Maar ten diepste valt er natuurlijk niets te controleren aan het leven. We zijn een speelbal van de natuur.

Ik realiseerde me: de wildernis, de ontembare chaos, het geweld ervan, is niet alleen maar de vijand, waar je je tegen moet wapenen, er zit ook een enorme hernieuwende kracht in. Je kunt op die kracht meebewegen. Het gaf me acceptatie van de wildernis in mijzelf, de donkere onderstromen, gaf me de moed me niet af te keren van het geweld dat ik soms in mijzelf voel. Ik kon daar echt een onderlaag in duiken: kijken naar mijn familiegeschiedenis, mijn relatie met mijn partner onder de loep nemen. Echt kijken: waar zitten wij nu precies en wie ben jij dan precies. En als de doos van Pandora dan opengaat niet terugschrikken, maar blijven kijken: wat gebeurt daar?

Toen ik thuiskwam, ben ik mijn geschiedenis ingedoken om te onderzoeken: wat wordt er van generatie op generatie doorgegeven? Waar wordt over gezwegen, wat gebeurt er als ik dat aanraak?

Wat mij zo'n kracht gaf, was het vertrouwen van de natuur. De natuur heeft geen oordeel, zit niet op je te kankeren, zegt niet tegen je: je zou dikker moeten zijn of dunner, of: je zou minder rimpels moeten hebben. Nee, het is de natuurlijke gang van zaken dat dingen oud worden, sterven en daarna weer geboren worden. Niemand die daar bezig is met duimpjes en likes en filters.

Het is soms zo lastig om vertrouwen te houden in jezelf, je eigenheid te behouden. Maar de natuur zegt: kijk, er is genoeg! Je krijgt de overvloed zo in je gezicht geslingerd. *Open source*. En ik dacht: wat belangrijk om die les te krijgen. Zo ziet vertrouwen er dus uit: weten dat je genoeg bent, ambitie kunnen ontwikkelen vanuit een gevoel van overvloed en niet vanuit angst. Je hebt mensen die zich op de borst moeten slaan, steeds maar moeten vertellen dat ze zo goed zijn. Dat heeft meer te maken met angst dan met zelfvertrouwen.

Wat ik op die berg hoorde was: pas als je vertrouwen hebt, kun je gul zijn. Als je het niet hebt, moet je hébben, graaien, alle ideetjes voor jezelf houden. Dan moet je veroveren!

De wereld waarin ik leef is niet gebouwd op het vertrouwen dat wijsheid woordeloos op je afkomt. Die wereld is rechtlijnig, wil alles concreet, wil een concreet gesprek, en lessen, en zinnen, anders is het soft, vaag, zweverig. Maar ik had geen lied kunnen maken, ik had geen nummer voor mijn nieuwe project kunnen maken als ik op die berg niet zo intens in gesprek met de natuur was geweest.

Wende (1978) is muzikant, zangeres en actrice. Haar album *Mens* won de Edison Pop Award 2018 voor beste album. Vanaf eind 2021 staat ze in de theaters met een nieuwe show, *De wildernis*. Wende woont samen met theaterdirecteur Wouter van Ransbeek, in Amsterdam.

Conny Braams, directie Unilever, over een besluit kenbaar maken in de tuin van haar ouders

In 2006 kreeg ik de kans naar Barcelona te verhuizen om daar marketingdirecteur te worden van het Spaanse Unilever-bedrijf. Mijn ouders pasten destijds twee dagen per week op onze dochtertjes van vijf en zeven. Ik was op zoek naar een manier om uit te vliegen, benieuwd wat andere culturen, banen en ervaringen me zouden brengen. Maar ik dacht ook dat ik mijn ouders veel verdriet zou aandoen door te vertrekken.

Ik kom uit een liefdevol gezin. Mijn vader had een eigen bedrijf, in Rotterdam, mijn moeder werkte parttime en was thuis met een kopje thee en een stroopwafel als ik uit school kwam. De theorie zegt: je moeder is de veilige haven en je vader neemt je mee de zee op. Qua rolverdeling leek dat bij ons ook zo, maar qua karakter was dat net even andersom. Mijn moeder was het avontuurlijke type, mijn vader leerde me relativeren.

Ik vroeg me af of ik de mooie relatie die zij met hun kleinkinderen hadden met zo'n verhuizing zou verstoren. Konden ze nog op een goede manier opa en oma zijn in de toekomst? Van alle rollen die je hebt als mens waren die van dochter en moeder toen even heel belangrijk.

Toen we op een ochtend in mei bij mijn ouders op het terras zaten, dacht ik: nu moet ik gewoon gaan vertellen dat ik dit wil doen. De kinderen waren binnen aan het spelen. Het was een prachtige dag, maar ik zat met een zwaar hart in de tuin. Dat zijn van die momenten die je nooit meer vergeet. Mijn moeder had in a split second tranen in haar ogen en zei toen: 'Wat een prachtig avontuur voor jullie en de kinderen! Natuurlijk moet je dat doen!' Mijn vader begon het naderende gemis onmiddellijk kleiner te maken: 'Ach, Barcelona, het is zo dichtbij en er zijn zoveel vluchten. Je vertrekt gelukkig niet naar het einde van de wereld.'

Wat ik zo mooi vond, was dat mijn ouders zich meteen in mij verplaatsten en dat ze dat deden vanuit hun eigen perspectief. Mijn moeder zag de kansen, mijn vader zei: 'Ach meid, als het allemaal niet bevalt, kom je toch gewoon terug?'

Het was natuurlijk ook een stap weg van het model dat ik zelf gekend had en waarin ik als kind heel gelukkig was geweest. Mijn ouders hadden me door hun rolverdeling veiligheid gegeven. We gingen nu om mijn carrière weg. Ik werkte al vijf dagen per week en dat ging duidelijk niet veranderen. Dus ik realiseerde me ineens dat ik het echt anders ging doen.

Hoe je de dingen doet in het leven is afhankelijk van het gezichtspunt dat je op dat moment hebt. Het is zo belangrijk om te zeggen: ja, dat is een formule die heeft gewerkt, en toch ga ik het nu anders doen. Het probleem in het leven is vaak dat je wilt vasthouden aan succesformules. Terwijl ik in alle banen die ik wereldwijd heb gehad elke keer weer de waarde heb ervaren van opnieuw beginnen, in onzekerheid en avontuur stappen en je ontwikkelen.

Opnieuw beginnen is steeds weer een uitdaging. De ongeschreven regels van het sociale spel leren zien, ontdekken hoe jij daar zelf in handelt. Welke delen van jezelf behoren tot je kern? Welke kun je verbeteren en verrijken door ook een ander perspectief te krijgen, wat essentieel is om met heel diverse teams iets moois neer te zetten?

Maar die keus maak je niet alleen voor jezelf. De eerste dag op het schoolplein in Spanje, met twee meisjes die geen Engels en geen Spaans spraken, die gewoon dachten dat ze naar een ander stadje waren verhuisd, is niet mijn vrolijkste dag geweest; dat kan ik je wel vertellen. Je moet toch de veranderingsgezindheid van je hele gezin afwachten.

Mijn ouders waren in Spanje op bezoek, toen we het gesprek nog een keer moesten voeren, want na vier jaar zouden we naar Singapore gaan, nog verder weg. De heftigheid ervan was niet te vergelijken met de eerste keer, doordat de keuze die we gemaakt hadden zo goed had uitgepakt. Opa en oma waren nog steeds opa en oma, maar in plaats van twee dagen per week op te passen kwamen ze nu twee weken bij ons in huis. Dat creëerde weer een andere band.

We hebben daarna ruim vijf jaar in Singapore gewoond. Ik was verantwoordelijk voor Unilever in Azië, Afrika en het Midden-Oosten en reisde van Zuid-Afrika tot Pakistan, van Saudi-Arabië tot China en van Nieuw-Zeeland tot Nederland. Ik heb het zo verrijkend gevonden om met al die verschillende culturen te werken. We zien diversiteit soms als iets wat moeilijk is, terwijl het gewoon een vereiste is, al die verschillende perspectieven. Als je kijkt naar de issues die op ons afkomen, maatschappelijke, ecologische en ethische dilemma's waarmee we nooit eerder gedeald hebben, dan helpt het om gezamenlijk vanuit diverse gezichtsvelden nieuwe oplossingen te creëren. Dat heb ik hier in Nederland willen doen en hoop ik straks in Londen voort te zetten.

Een veilige haven is niet plaatsgebonden, ik heb de emotionele band met mijn familie en vrienden meegenomen de wereld in. Daarom ben ik zo blij dat mijn dochters nu in Groningen studeren, terwijl hun klasgenoten vanuit Singapore de wereld over zijn gegaan. Juist in je studententijd ontwikkel je wortels, maak je vrienden voor later. Het leek me belangrijk voor ze om langere tijd onderdeel van een cultuur te zijn in plaats van een wereldburger zonder wortels.

Van een gesprek herinner je je niet zozeer de woorden, maar hoe het je je liet voelen. Ik denk dat mijn drive om naast mijn wortels ook vleugels te ontwikkelen sterk genoeg was om hoe dan ook door te zetten, maar ik heb het liever op deze manier. Het was een stap in het onbekende, en te voelen dat ik gesteund werd vanuit verschillende perspectieven heeft me erg gesterkt.

Conny Braams (1965) is chief digital & marketing officer van Unilever en maakt deel uit van Unilever Leadership Executive. Ze is lid van de raad van toezicht van de Rotterdam School of Management en van het Kröller-Müller Museum. Braams heeft een partner en twee dochters.

Schrijver Sholeh Rezazadeh over de vragen van een Azerbeidzjaanse nomadenvrouw in Noordwest-Iran

In 2017 reed ik over een bergpas in Noordwest-Iran, bij de Kaspische Zee, een veel groener gebied dan Tabriz, de stad waar ik vandaan kom. De pas is gevaarlijk, en het was abnormaal druk. Ik was een beetje moe, dus ik dacht: ik parkeer de auto even en ga een stukje wandelen. Als het wat rustiger wordt, rijd ik weer door.

Het was eind augustus, namiddag, het begon een beetje af te koelen in de bergen. Er hangt vaak mist, maar nu scheen er een zachte zon, niet al te sterk meer.

Na even lopen kon ik van de drukke weg niks meer horen, er was alleen maar stilte en natuur. Ik denk dat ik ruim een halfuur wandelde, toen ik twee nomadententjes zag en een paar koeien. Een vrouw in traditionele Azerbeidzjaanse kleding zwaaide vrolijk. Ze vroeg wat ik daar deed, en toen ik antwoordde 'Een beetje wandelen', zei ze: 'Kom even theedrinken.'

Ze was alleen, ze was eten aan het voorbereiden, de mannen waren met de schapen weg. De tent was van simpele materialen gemaakt, maar mooi en kleurrijk, met alleen maar handgemaakte spullen. De vrouw vroeg niet naar mijn naam, niet naar mijn leeftijd, niets, alleen waar ik vandaan kwam. Ik zei: 'Ik woon tegenwoordig in Nederland en ben hier op vakantie.'

Zij vroeg: 'Nederland, waar is dat?' Ik zei: 'Het is best ver weg, het is in het buitenland.' 'Buitenland,' herhaalde ze, 'wat is buitenland? Is dat een dorpje, een stadje?'

Ik dacht: wat bijzonder, iemand die geen idee heeft van de rest van de wereld, die zelfs het onderscheid tussen binnen- en buitenland niet kent. Alle dingen die op dat moment belangrijk waren voor mij en de mensen die ik kende, waren dat voor haar niet. Ze vertelde dat ze ergens bleef zolang de dieren blij waren, daarna trok ze weer verder. Ze maakte een gelukkige, tevreden indruk.

Ik was achtentwintig, en woonde toen twee jaar in Nederland. Ik was hier na voltooiing van mijn studie geneeskunde voor de liefde naartoe verhuisd. Van mijn ouders had ik geneeskunde moeten studeren, maar ik wilde van kinds af aan schrijver worden, misschien doordat mijn vader mij altijd poëzie voorlas. Toen ik vanuit Tabriz naar Nederland kwam, dacht ik: en nu ga ik schrijven. Ook omdat het me zou helpen me hier thuis te voelen, want als je doet wat bij je past, wordt het makkelijker ergens te aarden. Familie en doen wat je lief is; dat zijn de middelen om je aan het leven vast te grijpen.

Ik wilde in de taal van mijn nieuwe land schrijven, zodat ik kon voelen: ja, hier woon ik. Maar het was allemaal ingewikkeld. Ik was onzeker, ik wist niets van de literaire wereld hier. Hoe moest ik binnenkomen? Hoe een uitgeverij vinden? Vanbuiten leek ik rustig, vanbinnen was ik gestrest. Iedereen zei: je bent gek, je gaat in het Nederlands boeken schrijven, hallo! Ik kon het er ook niet met mijn familie over hebben, zij zeiden tegen me: je moet gewoon doorgaan met geneeskunde.

Het was een beetje een eenzaam vertrek geweest uit Tabriz, ik had het weinig mensen verteld, laat staan een afscheidsfeest gegeven. Ik was beducht voor al die reacties: 'Wat ga jij nou doen?! Je bent net klaar met je studie en nu ga je met een buitenlandse man naar een land waar je niks kunt?' Ik had geen zin me te verantwoorden. Ik voelde gewoon de drang om te doen wat ik wilde.

En toen kwam ik in een nieuw land waar alles honderd procent anders was. Ik ging de taal leren, werken in cafés en vrijwilligerswerk doen om erachter te komen waar ik eigenlijk was komen wonen.

In die zomer van 2017 wist ik het even niet meer, en dacht ik: ik ga op vakantie naar Iran, even reizen, dat helpt altijd, en toen kwam ik deze mevrouw tegen.

Wat mij zo trof: zij had helemaal geen behoefte die andere wereld te leren kennen, zij had een eigen wereld opgebouwd, een waarin ze koningin was. Ze had haar eigen koninkrijk geschapen, met een heel grote tuin: alle bergen waren van haar en de hele hemel was van haar, en ik dacht: ja, dat is vrijheid, als je gelooft dat niemand kan stoppen wat je wilt en wat je leuk vindt – niemand hoeft daar een mening over te hebben. Ze mocht gewoon zelf weten waar en wanneer ze kwam en ging.

Ze leefde buiten de gebaande paden, maar leek heel zeker over wat ze deed; dat waar ze woonde goed was zo, dat ze het daar met niemand over hoefde te hebben. Ik was door al die veranderingen in mijn leven op dat moment gestrest, maar normaal gesproken ben ik ook zo: als ik geloof dat iets goed is, maakt het me niet uit wat iemand daarvan vindt.

Door dit gesprekje werd ik weer herinnerd aan die stevigheid in mezelf. Ik dacht: zo mag ik ook weer zijn, ik hoef niet de hele tijd te twijfelen, ook al is het niet altijd succesvol wat ik doe.

Toen ik terug wandelde, voelde ik me licht en blij. Ik had helemaal geen haast meer om naar mijn bestemming te rijden. Ik voelde alleen maar hoe waardevol het was dat ik daar op dat moment in dat mooie gebied onderweg mocht zijn.

Als ik ergens kom waar de stadsgeluiden ver weg zijn, en waar het stil is, denk ik altijd weer even aan de rust en dat geluk van die mevrouw die bijna niks had en tegelijk ook alles.

Sholeh Rezazadeh (1989) is auteur, dichter en performer. Ze groeide op in Tabriz, Iran. Ze ontving voor haar poëzie de El Hizjra Literatuurprijs 2019. In 2020 bereikte ze de finale van het Nederlands Kampioenschap Poetry Slam. Begin 2021 verscheen haar Nederlandstalige roman *De hemel is altijd paars*. Rezazadeh is getrouwd en woont in Amsterdam.

Burgemeester Ahmed Aboutaleb over de smeekbede aan het adres van zijn vader

In 1976 besloot mijn vader dat we moesten vertrekken uit het dorp waar we woonden. Mijn vader werkte sinds 1963 als gastarbeider in Nederland. Ik woonde met mijn moeder, mijn grootvader en zes broertjes en zusjes in Beni Sidel, in het Marokkaanse Rifgebergte. We waren een kleine boerenfamilie met weinig landbouwgrond, en er was een lange droogte geweest. Toen mijn opa overleed wilde mijn vader dat we naar Nederland kwamen.

Hij riep mij bij zich omdat hij vond dat ik in Marokko moest blijven om mijn middelbare school af te maken. Ik was veertien, en zou overgaan van het tweede naar het derde jaar. Mijn vader was bang voor de breuk in de aansluiting op het Nederlandse onderwijssysteem.

We zaten onder een luifeltje bij een wateropslag, in de schaduw. Omdat we geen waterleiding hadden, verzamelden we regenwater in een door opa aangelegd ondergronds bassin. Dat was in de zomer mijn favoriete plek omdat het er enigszins koel was en waaide. Ik maakte er mijn huiswerk met een glaasje thee.

Ik moest er niet aan denken dat ik in Marokko zou achterblijven. Ik zat al twee jaar op een stadsinternaat bedoeld voor kinderen uit de bergdorpen. Dat zijn niet de internaten die we in Nederland kennen. De verzorging was heel slecht: het eten was slecht, er was geen medische zorg, er waren geen toiletten, de waterleiding deed het niet. We moesten 's nachts met een teiltje naar een bijlocatie om water te tanken. Dan sleepte je vijf liter water naar je kluisje zodat je 's ochtends je gezicht kon wassen.

Je mocht blij zijn als je één keer in de week naar het badhuis ging met z'n allen, en eens per maand naar huis kon. Ik gun niemand zo'n lot. Het was echt een ingewikkelde bezigheid om op dat internaat fysiek en mentaal te overleven, en dan ook nog eens onderwijs te volgen. Ik keek er niet naar uit daar nog eens drie jaar te blijven, laat staan zonder familie. Ik weet niet wat mijn vader voor ogen had, maar als ik klaar zou zijn, was ik achttien: te oud voor gezinshereniging.

Ik was een van de zes jongens uit het dorp die voortgezet onderwijs kregen, de rest moest zijn ouders helpen op het land. De beste leerlingen hadden de basisschool afgemaakt; het laatste jaar van het basisonderwijs was verder weg, je moest een kilometer of zeven lopen: 's ochtends bergopwaarts, 's middags bergafwaarts. Dat waren enorme klimpartijen, alleen de geiten konden beter klimmen dan wij.

Die andere vijf jongens zaten niet op dat internaat, want ze konden bij familie in de stad terecht, ik niet. Overigens is het die jongens goed vergaan. Een is longarts, zijn broer onderwijzer, de derde directeur van een mensenrechtencentrum, de vierde rechter en de vijfde huisarts. Uiteindelijk leverde het leren in een omgeving met een koe, een ezel en een paar rotsen voor wie het volhield toch een aardige maatschappelijke positie op.

De Nederlandse overheid had ingestemd met onze komst, en mijn ouders moesten een week later samen naar Rabat om een voorlopige verblijfsvergunning op te halen voor ons gezin. Dat was een enorme reis, alsof je naar de maan ging. Dus het besluit moest snel worden genomen.

Ik denk niet dat mijn argumenten de doorslag hebben gegeven, maar mijn enorme huilbui. Mijn vader was overtuigd van zijn standpunt. Ik was geen kind dat huilend met z'n voeten op de grond stampte om z'n zin te krijgen. Maar nu smeekte ik mijn vader: laat me niet alleen, want dit red ik niet. Ik zag het echt niet meer zitten. Ook mijn moeder had een emotionele inbreng, ze vond het lastig een zoon achter te laten. Mijn moeder is mijn opvoeder geweest. Mijn vader, een imam, is een vriend met wie ik de wereld bespreek, maar met mijn moeder heb ik nog steeds een stevige band. Toen heeft mijn vader toegestemd.

Het eerste moment dat ik me van daarna herinner is dat we aanstalten maakten om naar Nederland te vertrekken, op 17 oktober 1976, met een vroege ochtendvlucht uit Al Hoceima. We moesten diep in de nacht met zo'n illegale taxi, een oude Mercedes, naar het vliegveld worden gereden over al die geitenweggetjes in die ingewikkelde bergformatie van het noorden.

Je weet helemaal niet wat je moet verwachten in Nederland. Ik had een bruin pak aan, dat net te groot uitviel, en ik had een sprookjesboek bij me, dat ik van een neef had gekregen, over een man die een paard met vleugels kon bestijgen, dat de wereld rond stormde om het kwaad te bestrijden.

Mijn vader had gelijk dat de aansluiting bij het Nederlandse onderwijssysteem ingewikkeld zou zijn. Het duurde maanden voor ik een beetje een beeld kreeg van wat ik ging doen. Ik begon op een vormingsinstituut voor werkloze jongeren, in Den Haag, dat was verbonden met de lagere technische school, de lts. Vervolgens ben ik verder gaan leren.

Dit gesprek met mijn vader heeft uiteindelijk mijn toekomst bepaald. Mijn onderwijsloopbaan en mijn sociaal-maatschappelijke loopbaan. Ik ben mezelf dankbaar dat ik stand heb gehouden, maar ik ben ook mijn vader dankbaar dat hij naar mijn gevoelens heeft geluisterd. Gelukkig is hij het soort man dat ooit zei: 'Alleen dooie mensen leren niks meer bij.'

In alle functies die ik heb mogen vervullen is het not done om op basis van emoties beslissingen te nemen. Het zijn altijd rationele argumenten die je moet wegen. Maar ik ben gevoelig gebleven voor de kracht van emoties. In ons stelsel wordt het tonen ervan als een teken van zwakte gezien, maar als mensen in mijn bijzijn emotioneel worden, wat me als burgemeester regelmatig overkomt, neem ik dat altijd serieus. Het is óók een manier om iets te vertellen.

Ahmed Aboutaleb (1961) is sinds 2009 burgemeester van Rotterdam. Hij was staatssecretaris van Sociale Zaken en Werkgelegenheid en daarvoor wethouder in Amsterdam. Aboutaleb is getrouwd met Khaddouj Aboutaleb en heeft drie dochters en een zoon.

Cabaretier Claudia de Breij over de opmerking van haar eerste manager

Het gesprek van mijn leven bestond uit één opmerking van mijn manager Frans Rühl. Het was 2001, ik was zesentwintig, en ik stond hijgend in de coulissen van de Kleine Komedie, de make-up van tv nog op mijn gezicht.

Ik deed destijds alles tegelijk: ik maakte vier dagen per week radio, drie dagen tv, en trad op in theaters zoveel ik kon. Ik wilde heel snel heel veel leren. Ik zag al die aardige mensen in de zaal zitten, maar dacht tegelijkertijd: waar moet ik het vandaan halen?

Mijn manager Frans Rühl pakte mijn jas aan, en zei: 'Dit is toch wat je wilde?'

Frans was mijn eerste manager. Hij was in zijn jonge jaren de rechterhand van Wim Kan geweest. Een vrij kleine man met een broek en een jasje die net niet bij elkaar pasten en een plastic tasje waarin hij zijn contracten vervoerde – dat je denkt: koop toch eens een fatsoenlijke tas.

Zijn hele lichaamshouding straalde iets steunends uit. Als ik niet goed had gespeeld zei hij: 'We waren vanavond niet in vorm', of: 'We zijn vanavond vergeten in het moment te zijn.' Als het wel goed was gegaan, zei hij: 'Jij hebt het fantastisch gedaan!' Eigenlijk net andersom dan bij voetballers.

Ik ben onder Frans' begeleiding van het kleine Bellevue naar Carré gekomen. Hij zag iets in mij, hij heeft mij zelfvertrouwen gegeven. Ik was afgewezen aan de Kleinkunst Academie, geen impresariaat wilde me hebben. Hij zei: 'Je bent er nog niet, maar je bent wel iemand die daarnaartoe gaat groeien.'

Ik ben echt een diesel, met een langzaam groeiend talent voor een lange carrière, maar ik vind het heel moeilijk om daarvoor geduld op te brengen. Ik kan pas sinds een paar jaar uitslapen, omdat ik nu een basis heb. Ik ben altijd wakker geworden met de gedachte: ik ben er nog niet! Aan de slag.

Toen Frans zei: 'Dit is toch wat je wilde?' dacht ik: ja, jezus mina, dit is wat ik wilde! Zoveel carrière tegelijk! Ik vond het fantastisch om na die radio en tv ook nog voor zo'n zaal te kunnen staan.

Ik heb altijd het meest van theatermaken gehouden. Als je kunt uitvoeren wat je zelf hebt verzonnen kun je heel even God zijn, zelfs als je het voor dertig man doet vanaf een opengewerkte vrachtwagen; niemand praat door je heen. Soms vertel ik aan familie en vrienden wat ik heb bedacht voor een voorstelling en dan luisteren ze met beleefde interesse, maar zie je dat het ze niet echt interesseert. Doe ik het op het podium, zeggen ze: wat fantastisch, wat een mooie gedachte!

Op het podium gebeurt er iets geks met ruimte en tijd. Ik vind het bijna ontroerend dat we met z'n allen besluiten dat we vanaf acht uur vanavond samen meegaan met wat degene op het podium zegt. En als ik dan zeg: 'Het is elf uur 's ochtends en ik ben Doutzen Kroes', dan is dat zo.

Ik vind het een onverdraaglijk idee dat wij allemaal alleen maar onszelf hebben. Dat alles wat jij bedenkt in je eigen hoofd blijft. Als ik op het podium zeg: 'Ik had deze stomme gedachte', en anderen moeten ook lachen om die domme grap, dan hef je de eenzaamheid even op.

Ik vind het net zo magisch dat we met z'n allen tijdens een klassiek concert ontroerd kunnen raken over een muziekstuk uit de zeventiende eeuw. Dat er alleen maar klank is, en de emotie waarmee die door musici wordt gebracht, en dat we dat dan met z'n allen zo begrijpen.

Wat Frans bedoelde met dat zinnetje was: over het afzien van het moment heen blijven kijken naar het grote doel. Ik ben het tegen mezelf blijven zeggen, bijvoorbeeld toen mijn kinderen heel klein waren, en ik me soms zo moe voelde. 'Geniet ervan, het gaat zo snel,' hoorde je dan, maar ik dacht vaak: ik vind deze dag anders behoorlijk lang duren.

Op 5 mei trad ik op tijdens het concert met het Metropole Orkest, ik deed het nummer 'Mag ik dan bij jou' deels in het Duits. Je kon het op tv niet zien, maar mijn benen beefden, en ik voelde het trillen door mijn hele lichaam resoneren, ik dacht: o shit, waarom doe ik mezelf dit aan? Ik kan ook thuis zitten met een goed boek. Dan denk ik weer aan die woorden van Frans. De adrenaline, de angst, de totale concentratie, wat afschuwelijk, en ook: wat fijn! Ik hang aan intensiteit. Veel mensen met een creatief beroep herkennen dat. Het is de verheviging van het leven.

Workaholic zijn is een vorm van adrenalineverslaving. Het is niet vervangbaar door iets anders. Net als seks in een relatie, dat is ook niet te vervangen door iets anders. Je kunt wel denken van wel, maar dan kom je van een kouwe kermis thuis.

De totale overgave, daar zit voor mij het raakvlak tussen liefde en optreden.

Wat ik wil is inmiddels wel iets veranderd, ik hoef niet meer alles tegelijk. Een belangrijk moment was toen cabaretier Paul van Vliet, die jaren geleden door het vele werken een behoorlijke inzinking had, tegen mij zei: 'Je kunt niet alles oplossen met energie.' Dat heb ik heel lang gedaan: puur op energie gewerkt, ik had altijd nog wel een restje om eruit te persen. Maar inderdaad: je kunt niet alles oplossen met energie. Relatieproblemen bijvoorbeeld. Je moet goed kijken: wat is hier aan de hand? Dan helpt alleen een combinatie van rust en confrontatie.

Ik zoek de intensiteit tegenwoordig meer in de kwaliteit dan de kwantiteit. De keerzijde van alles tegelijk doen is halfslachtigheid.

Claudia de Breij (1975) is cabaretier, presentatrice, columnist, zangeres en radio-dj. Haar grootste hits zijn 'Mag ik dan bij jou' en 'Mis je zo graag'. Ze leidt het impresariaat Breijwerk met artiesten als Nynke Laverman en Peter Pannekoek. De Breij is getrouwd met Jessica van Geel, samen hebben ze twee zoons.

Muzikant Typhoon over het gesprek met een taxichauffeur op Bali

Het was zomer 2019. Ik was net aangekomen op Bali, en reed van de luchthaven in Denpasar met een taxi naar Ubud, waar ik een huisje had gehuurd om een beetje bij te komen.

Ik was aan het daten met Marie, ze is nu mijn vrouw, maar toen was het een tijdje uit. Ik kwam uit een turbulente tijd met depressie, met burn-out. Met telkens falen in de liefde. Maar in die zomer was het leven opgeklaard, ik had fijne mensen om me heen, en ik had nieuwe kracht gevonden door mijn geloof.

Marie en ik hadden onafhankelijk van elkaar een vakantie geboekt naar Bali, zonder dat we dat van elkaar wisten. We hadden tegen elkaar gezegd dat we klaar waren met daten, maar toch voelde ik dat ik de liefde graag verder wilde onderzoeken met haar.

Voor ik naar Bali reisde, ging ik surfen op Lombok. Toen kinderen op het strand vroegen of ik thuis een vriendin had, zei ik: 'Ja, nee, nou nee, niet echt een vriendin, maar wel iemand die ik erg leuk vind, we gaan het nog zien, ik weet het eigenlijk niet.' Zo hoorde ik mezelf om de hete brij heen draaien.

Op het vliegveld van Bali pikte een taxichauffeur me op, ik weet zijn naam niet. Een jongen van een jaar of achtendertig, getrouwd, kinderen. We kregen meteen een mooi gesprek: waar kom je vandaan, hoe is het leven hier, hoe gaat het met de liefde hier? Gewoon meteen een betekenisvolle conversatie van leeftijdsgenoot tot leeftijdsgenoot alsof we broeders waren, en op een gegeven moment vroeg hij: 'Heb je een vriendin?' En ik begon weer met mijn riedel: ja nee er is wel iemand die ik echt heel leuk vind... Hij vroeg toen: 'Heb je haar verteld dat je van haar houdt?' Ik zei: 'Nee joh, nee nee nee, dat is niet hoe wij samen de dingen doen, in Europa, haha.' Ik merkte dat ik een beetje in paniek raakte van die vraag.

Hoe langer ik aan het praten was, hoe meer ik me realiseerde wat voor bullshit ik aan het verkopen was. Inderdaad, anno nu zijn er zoveel verschillende omgangsvormen die je met elkaar kunt afspreken: kies je exclusief, niet-exclusief, wel een relatie, geen relatie, er zit zoveel tussen, daar duizelt je hoofd eigenlijk van.

Pas in die taxi zag ik ineens dat het allemaal een uiting was van gewoon niet durven kiezen. Het was bijna alsof ik in neonletters zag: 'Glenn, je bent bang. Adresseer je angst, en houd op met jezelf al die verhalen te vertellen.' Op het moment dat je op reis bent kom je los van je dagelijkse gang van zaken, en kun je misschien wat makkelijker eerlijk naar jezelf zijn.

Ik had mensen al zo vaak horen zeggen: 'Glenn, het gaat gewoon om keuzes maken', maar ik vatte het niet, het viel niet, en als je iets niet snapt ga je je ertegen verzetten. Nu zag ik dat het angst was. Angst om mijn hart te openen, angst om mezelf te geven. Ik was al zo vaak in de liefde teleurgesteld. Waarom zou dit wel werken?

Ik denk dat ik onveilig gehecht ben door mijn gevoeligheid, ik heb altijd een omtrekkende beweging willen maken van de wereld – ik voelde me veilig in het geestelijke, ik voelde me veilig in mijn hoofd. Op aarde voelde ik me niet zo thuis. Misschien omdat ik zo opensta, als kind krijg je daardoor al zoveel meer mee dan daadwerkelijk voor jou bestemd is. Dat maakt onveilig, dat heb ik mijn hele leven gekend.

De reden dat Marie en ik gestopt waren met daten was omdat wij allebei steeds wachtten tot de ander het sein 'veilig' zou geven. En omdat we elkaar dat niet gaven, voelde het steeds niet goed.

Wat 'je hart openen' betekende wist ik eigenlijk niet eens, tot op de avond dat ik gedoopt was een halfjaar daarvoor. Toen heb ik een liefde ervaren, van zo'n gigantische proportie, het stroomde door me heen. God is liefde voor mij, en die liefde voelde als een thuiskomst. Toen wist ik: o, maar wacht eens even, vanaf nu kan ik ook echt hier op aarde zijn, want vanaf nu ben ik veilig, en kan ik echt gaan leven. Daarvoor heb ik dat gevoel nooit zo gehad, daarvoor kon ik er alleen over schrijven, kon ik ernaar hunkeren, maar was de zoektocht voor mij belangrijker dan het daadwerkelijk vinden.

Een zoektocht kan ook veilig aanvoelen want zolang je zoekt, hoef je niet te vinden.

Toen ik Marie een paar uur later zag heb ik meteen tegen haar gezegd: 'Luister, ik weet níét hoe dit gaat, ik weet níét hoe dit allemaal moet, echt serieus niet, maar ik kies voor jou, dat is wat ik voel, ik kies voor jou.'

Die woorden waren een ontsluiting van een nieuwe wereld, ik zag haar *instantly* veranderen, ik zag haar instantly opengaan. Zij had die woorden ook nodig.

Het was een *leap of faith*. Als je beiden op elkaar aan het wachten bent voor veiligheid dan moet er eentje de dappere zijn, dat is heel vaak Marie geweest, maar op dat moment was ik dat.

We zouden op Bali gewoon ons eigen ding doen, en elkaar misschien af en toe even treffen, zij was daar met een vriendin, maar we zijn de rest van de tijd onafscheidelijk gebleven. Een jaar later heb ik haar ten huwelijk gevraagd.

Soms is het de simpele vraag van een *perfect stranger* met wie je een tijd in een auto moet zitten, die je het licht doet zien.

Typhoon, de artiestennaam van Glenn de Randamie (1984), is rapper en muzikant. Hij won in 2004 de Grote Prijs van Nederland, in 2009 de Gouden Harp. Voor zijn albums *Tussen licht en lucht*, *Colucci Era* en *Lobi da Basi* ontving hij de 3voor12 Award voor het beste album. *Lobi da Basi* (2014) betekende zijn doorbraak bij het grote publiek. Het bracht hem Edisons in de categorieën Beste Hiphop en Beste Album. In 2020 verscheen zijn album *Lichthuis*, volgens dagblad *Trouw* zijn beste album tot nu toe. De Randamie is getrouwd met fotografe Marie Broeckman.

Klaas Knot, president van De Nederlandsche Bank, over de discussie met zijn leraar economie

Tijdens een economieles in 5 vwo kreeg ik een discussie met mijn leraar Klaas Mulder over het faillissement van de Tilburgse Hypotheekbank. Het was 1983, ik was zestien en zat op het Andreas College in Drachten. Door de crisis op de huizenmarkt waren alle hypotheekbanken in de problemen gekomen, maar de Tilburgse was de enige die echt failliet ging.

Ik herinner me hoe onthutst mijn economieleraar daarover was. Hij zei: 'Ik had nooit gedacht dat ik in een ontwikkeld land als Nederland nog eens zou meemaken dat een bank failliet gaat.'

Ik snapte zijn verbazing totaal niet. We kwamen uit een hartstikke diepe economische depressie, er gingen ontzettend veel bedrijven failliet, waarom zou dat dan niet kunnen bij een bank?

Mulder legde me toen uit wat het verschil is tussen een gewone commerciële instelling en een bank, wat het domino-effect is als zo'n bank failliet gaat, wat het betekent als veel mensen hun geld verliezen en zo hun financiële verplichtingen niet kunnen nakomen. Een 'systeemrisico' heet dat.

Klaas Mulder was een inspirerende leraar voor mij. Hij moedigde me altijd aan om door te vragen, om niet met het eerste het beste antwoord genoegen te nemen. De stelligheid waarmee hij poneerde dat geld veilig moest zijn bij een bank, fascineerde mij enorm.

Misschien had ik er extra belangstelling voor vanwege de zorgen thuis. Mijn ouders waren eind jaren zeventig een te hoge hypotheekschuld aangegaan. Ze hadden in de zomer van 1979 een huis gekocht dat nog gebouwd moest worden. De huizenprijzen stegen flink, en ze kregen al snel een bod op hun oude huis van rond de 250.000 gulden. Maar de makelaar zei: jullie kunnen beter een halfjaar wachten met verkopen, dan is het minstens 20.000 gulden meer waard.

Die winter stortte de huizenmarkt in. Mijn ouders hadden twee jaar dubbele vaste lasten. De rente was hoog toen: twaalf procent. Pas twee jaar later werd ons huis op een veiling voor minder dan 150.000 gulden verkocht.

Zoals bij iedere Nederlander was bij ons natuurlijk de moraal dat je eerst de rente op je schulden betaalt ook al gaat dat ten koste van de andere uitgaven binnen het gezin. Dat betekende nogal wat. Ik hoorde mijn ouders geregeld praten over hoe ze het einde van de maand moesten halen.

Mijn moeder had er moeite mee om te accepteren dat geld zo'n issue was. Mijn vader was degene die de financiën deed, en er geregeld op moest wijzen dat er niet veel geld meer over was, en dan was mijn moeder heel chagrijnig, want zij wilde toch bepaalde dingen voor het gezin doen of kopen. Dat kon dan niet, en dan zei mijn moeder: dat verrotte geld ook altijd!

Ik had toen al meer sympathie voor de positie van mijn vader: dat het verschil tussen inkomen en vaste lasten het enige vrije stukje is dat je te besteden hebt. Dat vond ik als jonge tiener al een logische redenering – dus dat economische zat er al wel in.

Ik zag ook dat geld mede zo'n issue was omdat ze zelf een besluit hadden genomen dat verkeerd was uitgepakt. Zo wil ik het later dus niet gaan doen, dacht ik. Ik ben pas een huis gaan kopen toen ik er echt een flink bedrag voor gespaard had.

Ik had dus gezien wat dit soort financiële beslissingen voor impact kan hebben op het leven als het misgaat. Toen ik hoorde hoe mijn economieleraar daarover sprak, realiseerde ik me het belang van de stabiliteit van de financiële sector, en de grote ontwrichting op het moment dat daar dingen fout gaan. Ik dacht: dat wil ik begrijpen, hoe je dit systeem veiliger maakt voor mensen. En daar wil ik ook iets aan doen, om te zorgen dat dit niet weer gebeurt, om te voorkomen dat andere mensen daar ook onder te lijden hebben. Mede daarom ben ik economie gaan studeren. Dat is het werk dat ik nu probeer te doen.

Er zijn maar een paar momenten in het leven dat je heel belangrijke financiële keuzes maakt en te veel mensen doen dat te onbewust. Mensen hebben altijd de neiging hun eigen financiële grenzen te overschatten, en daar moet je ze als publieke autoriteit tegen beschermen. Daarom moeten we werken aan meer financiële educatie, en daarnaast moeten we duchtig in gesprek met de financiële instellingen over de wijze waarop zij hun producten aanbieden.

Dat mijn ouders dat besluit toen hebben genomen kun je ze niet eens kwalijk nemen. De banken, de makelaars, iedereen deed aan dat rooskleurige verhaal mee, en niemand onderkende de risico's van de snel stijgende rente. Het is wel een teken hoe je er collectief naast kunt zitten. Al die verhalen die we nu ook weer horen, dat er veel te weinig huizen zijn, dat daarom de huizenprijzen niet kunnen dalen, daar ben ik altijd zeer wantrouwend over. Dat hoorde ik ook eind jaren zeventig, en die winter ging er in no-time veertig procent vanaf.

Naarmate de tijd vorderde, de rente zakte en ze mochten herfinancieren, werd thuis langzamerhand de nood minder. Ik herinner me een dag dat mijn vader bijna juichend naar huis kwam omdat hij een deel had geherfinancierd tegen acht procent, dat kun je je nu niet meer voorstellen. Mijn vader ging wat meer verdienen, mijn moeder was meer gaan werken, dus op die manier zijn ze er uiteindelijk uit gegroeid.

Mijn vader zei wel aan het eind van zijn leven dat ze door die klap op de huizenmarkt in de jaren tachtig nauwelijks geld aan hun kinderen konden nalaten. Door die ruime ton die ze verloren, zijn zij zonder vermogen uit het leven gegaan. Als je dat bedrag 'oprent', is dat ongeveer wat hun gemiddelde generatiegenoot wel aan zijn kinderen heeft kunnen nalaten. En zij niet, dat vonden ze erg.

Klaas Knot (1967) is sinds 2011 president van De Nederlandsche Bank. Hij is tevens deeltijdhoogleraar Money and Banking aan de Rijksuniversiteit Groningen en Monetaire Stabiliteit aan de Universiteit van Amsterdam. Daarnaast is hij onder meer voorzitter van de raad van toezicht van Cliniclowns. Knot is getrouwd en heeft twee kinderen.

Dankwoord

Ik hoor mensen vaak zeggen: 'Uiteindelijk moet het toch uit jezelf komen.' En dan bedoelen ze: het geluk, de zin in het leven. Dat is volgens mij niet zo. De grote, mooie dingen die ik heb meegemaakt in mijn leven kwamen altijd via anderen.

Predikant Claartje Kruijff – over haar gesprek met een medestudent die rode knoopjes uitdeelde.

Het tweede gesprek van mijn leven dat ik hier wil noemen vond bijna precies een jaar later plaats dan dat in het voorwoord; op een grijze maar droge oktobermiddag in 2019, 16 oktober om twee uur 's middags om precies te zijn, in café-restaurant Dauphine aan de Amsterdamse Wibautstraat.

Ik had een kennismakingsgesprek met Anouk Turkenburg, chef van het weekendmagazine van *Het Financieele Dagblad*. Ik denk dat we nog geen vijf minuten in gesprek waren, toen ik over 'Het gesprek van je leven' begon. Ik liep er al een paar jaar mee rond.

De dag erna mailde ze: 'Maak je een proefaflevering?'

Dit lijkt misschien op het eerste oog een makkelijke, beetje flauwe draai aan het thema waaraan mijn gesprekspartners steeds zo'n waardige invulling hebben weten te geven. En toch was dit gesprek voor mij cruciaal, en staat het tegelijk voor iets groters. Als journalist ben je niets zonder coördinatoren die iets in je plannen zien. Ik kan nog zoveel ideeën hebben, het vereist altijd opnieuw het luisterend oor en de verbeeldingskracht van een katernchef, bladcoördinator, eindredacteur, chef reportage, adjunct, hoofdredacteur, uitgever, of met wie ik ook maar te maken heb, om die verhalen werkelijkheid te laten worden. Dit is wat ik zelf overigens 'het kansgesprek' ben gaan noemen, net iets anders van karakter dan het aanmoedigingsgesprek of het inzichtsgesprek.

Veel dank Anouk, illustrator Jedi Noordegraaf, eindredacteur Sanne Kloosterboer.

Om precies dezelfde reden dank aan uitgeverij Ambo|Anthos: Laurens Ubbink, Tanja Hendriks, Linda Visser!

Dank voor jullie openhartige verhalen: Esther Verhoef, Robbert Dijkgraaf, Marjan van Loon, Elnathan Prinsen, Iris van Herpen, Marius Touwen, Marry de Gaay Fortman, Rodney Lam, Francine Houben, Rein Wolfs, Dilan Yesilgöz-Zegerius, Sander de Hosson, Laurens Knoop, Christa Anbeek, Sunnery James, Henk Ovink, Claartje Kruijff, Youp van 't Hek, Jacco Vonhof, Sandra Phlippen, Arthur Japin, Awraham Soetendorp, Lodewijk Asscher, Jonnie en Thérèse Boer, Chantal Vergouw, Marc Mulders, Sigrid Kaag, Kalo Bagijn, Kim Putters, Paul Witteman, Arnon Grunberg, Ivo van Hove, Lieke Schepers, Manon Uphoff, Frans de Waal, Stephanie Hottenhuis, Nazmiye Oral, Frank Elderson, Dirk De Wachter, Marjan Rintel, Piet Oudolf, Frans Muller, Henk van der Meulen, Wende Snijders, Conny Braams, Sholeh

Rezazadeh, Ahmed Aboutaleb, Claudia de Breij, Typhoon en Klaas Knot.

Ik draag het boek op aan het goede gesprek en aan iedereen die dat mogelijk maakt.

‘Zelden zoveel aardige reacties op een interview gekregen!’

cabaretier Youp van ’t Hek

‘Ik heb hier ongelooflijk veel reacties op gehad.’

directeur SCP Kim Putters

‘Het is een voorrecht van deze serie deel uit te maken.’

rabbijn Soetendorp

‘De vraag naar het gesprek van mijn leven heeft mij erg doen nadenken over wat een gesprek eigenlijk is en welke gesprekken ik in mijn leven belangrijk en betekenisvol heb gevonden. Ik heb hier zulke mooie en fijne reacties op gehad.’

schrijver Manon Uphoff

‘Ik heb zoveel ontroerde reacties ontvangen op dit gesprek.’

architect Francine Houben

‘Wat een mooi project.’

schrijver Esther Verhoef

‘De vraag die Annemiek Leclaire mij stelde; welk gesprek in je leven is je bijgebleven... schopte veertig jaar beroepspraktijk overhoop, was een reset voor mij.’

kunstenaar Marc Mulders

‘Bijzondere, vaak *life-changing* gesprekken gebundeld in een even bijzonder boek.’

voorzitter MKB-Nederland, Jacco Vonhof

‘Dit was het moeilijkste gesprek dat ik ooit gevoerd heb.’

oprichter BinckBank en pensioenbank Brand New Day, Kalo Bagijn

Van Annemiek Leclaire verscheen eveneens
bij Ambo|Anthos *uitgevers*

Minder moeten, meer leven